해방 공간의 영화·영화인

한국영화 역사 연구 1

해방 공간의 영화·영화인

글 한상언 | **처음 찍은날** 2013년 4월 23일 | **처음 펴낸날** 2013년 4월 30일 | **펴낸곳** 이론과실천 | **펴낸이** 김인미 | **등록** 제10-1291호 | **주소** 121-829 서울시 마포구 상수동 323-2 2층 | **전화** 02-714-9800 | **팩시밀리** 02-702-6655

국립중앙도서관 출판시도서목록(CIP)

해방 공간의 영화, 영화인 / 글: 한상언. -- 서울 : 이론과실천, 2013
p. ; cm

참고문헌 수록
ISBN 978-89-313-6050-9 03680 : ₩13500

영화(예술)[映畫]
한국 영화사[韓國映畫史]

688.0911-KDC5
791.4309519-DDC21 CIP2013003412

ISBN 978-89-313-6050-9 03680

값 13,500원
*잘못된 책은 바꾸어 드립니다.

한국영화 역사 연구 1

해방 공간의 영화·영화인

한상언 지음

머리말

이 책은 해방에서 6·25전쟁에 이르는 기간 남북을 오가며 활동했던 영화인들의 기록을 담고 있다.

해방이 되자 조선인들은 스스로 역사를 만들어 갈 기회가 왔다고 믿었다. 주체적으로 역사를 개척할 것이라는 믿음은 외부의 힘 앞에 신기루처럼 사라졌다. 통일된 민족국가 수립은 실패했고 남북에 서로 다른 정부가 들어섰다. 그 결과 한반도는 전쟁으로 치달았다.

이 시기 영화운동은 영화인들의 힘겨운 노력으로 점철되었다. 진보적 민족영화 건설을 위한 노력은 외세와 권력 앞에 희망과 절망, 환희와 탄식이 교차할 뿐이었다. 남북에 서로 다른 정부가 수립되었고, 전쟁을 거치며 남은 자들은 양극단에 위치한 정권에 충성하거나 아니면 제목소리를 속으로 삼켜야 했다.

이 책은 필자의 석사학위논문인 「해방기 영화인 조직 연구」가 저본이며, 이후의 연구물인 「다큐멘터리 〈해방조선을 가다〉 연구」, 「북한 영화의 탄생과 주인규」, 「해방기 영화운동과 조선영화협단」, 「일제 말기 통제 영화제작회사 연구」 등의 성과를 토대로 내용을 수정, 보완했다. 주요자료로는 당시의 신문과 잡지를 활용했다. 주관이 깊게 개입된 영화인들의 회고록과 증언록들은 보조자료로 이용했다. 그 밖에 이영일, 이효인, 남인영, 조혜정 등의 선행연구에 큰 도움을 받았다. 특히 이영일이 녹취한 원로 영화인들의 증언은 문헌자료의 공백을 메워 주었다.

이 책이 나오기까지 많은 분들의 도움을 받았음을 밝힌다. 김정아 선생님은 KBS와 국가기록원에 보관중인 해방기의 중요한 영상물들을 확인할 수 있게 자기 일처럼 도와주었다. 논문심사위원으로 이 책의 첫 번째 독자였던 조혜정 선생님은 과분한 칭찬으로 용기를 주었다. 이효인 선생님은 묵은 원고가 빛을 볼 수 있게 마술과 같은 도움을 주었다. 정태수 선생님은 학부에서 박사과정에 이르기까지 자상한 지도를 통해 부족한 제자가 공부를 계속할 수 있게 격려해 주었다. 이분들께 심심한 감사의 말씀을 올린다.

이 기회를 빌려 지금껏 평생 갚을 수 없는 사랑을 주신 부모님과 언제나 믿음과 도움을 주시는 포항의 부모님께 존경을 표한다. 항상 힘이 되어 주는 두 아이, 정민과 은경에게 내가 부모님께 받은 사랑의 전부를 고스란히 전하며, 무엇보다도 항상 내 편이 되어 주는 사랑할 수밖에 없는 든든한 동반자 양정임에게 마음 깊이 고마움과 사랑의 마음을 전한다.

끝으로 이 책의 출판을 맡아 준 이론과실천의 김태경 사장님께 감사드린다.

2013년 3월 11일

한상언

차 례

제1장

영화로 무엇을 할 것인가?

해방은 일제에 의한 식민 통치의 종식과 우리 스스로 정부를 세울 수 있다는 희망을 던져 주었다. 서울과 평양에는 극좌에서 극우까지 여러 정당과 각종 정치단체들이 만들어졌다. 이들 단체는 민족국가 수립을 서로 자신들이 주도하려 했다.

처음 주도권을 잡은 쪽은 좌익이었다. 해방과 동시에 여운형呂運亨이 이끄는 건국준비위원회建國準備委員會가 설립되었다. 8월 15일 아침 조선총독부의 엔도遠藤柳作 정무총감은 지하조직인 건국동맹建國同盟을 이끌던 여운형에게 해방 후 조선의 치안을 부탁했고, 여운형은 곧바로 전국에 건국준비위원회를 설치하고 활동을 시작했다.

뒤이어 조선공산당朝鮮共産黨이 만들어졌다. 8월 16일 국내 공산주의 계열 중 일부가 장안파長安派 공산당을 조직했다. 이어 20일에는 공산주의 운동의 정통성을 지니고 있던 박헌영朴憲永이 장안파를 비판하며 조선공산당 재건위원회再建委員會, 일명 재건파再建派를 조직했다.

⊙ 박헌영(왼쪽)과 여운형(오른쪽)

재건위원회는 모든 공산주의 세력을 규합하여 9월 11일 조선공산당을 조직했다. 이렇게 탄생한 조선공산당은 미군 진주 직전 건국준비위원회의 여운형과 인민공화국을 선포하고, 이후 민주주의민족전선民主主義民族戰線으로 대표되는 각종 대중조직들에 영향력을 행사하며 해방 정국을 주도했다.

좌익의 건국준비위원회나 조선공산당이 해방 직후 적극적인 활동을 통해 정국을 주도한 데 비해 상대적으로 친일 혐의가 짙었던 우익 민족주의자들의 활동은 주춤할 수밖에 없었다. 해방 정국을 관망하고 있던 송진우宋鎭禹와 김성수金性洙는 미군이 진주한 직후인 9월 16일 기존의 군소 보수정당을 통합한 한국민주당韓國民主黨을 창당했다. 한국민주당은 통역정치를 통해 미군정에 적극적인 협조를 하는 한편 조선공산당 등 좌익정당과는 대립각을 세웠다. 여기에 뒤늦게 귀국한 중경 임시정부 주석 김구金九가 이끌던 한국독립당韓國獨立黨과 미국에서 독립운

⊙ 이승만, 김구, 하지(왼쪽부터 차례로)

동을 하던 이승만李承晩 등 망명 정치인들이 화려한 독립운동의 경력을 토대로 독자 세력을 유지했다.

38선 이북 평양에는 조만식曺晩植을 중심으로 기독교 계통의 조선민주당朝鮮民主黨이 창당되었다. 그러나 주도권은 소군정의 비호를 받고 있던 김일성金日成에게 넘어갔다. 김일성을 중심으로 조선공산당북조선분국朝鮮共産黨北朝鮮分局이 설치되었고 임시인민위원회가 구성되는 등 사회주의 국가 체제가 만들어졌다.

이들 각 정당, 정파들은 자신들의 이데올로기를 구현하는 국가의 모습을 주장했다. 그 모습은 자본주의에서부터 사회주의, 공산주의까지 다양했다. 미국과 소련의 절대적인 영향력이 행사되던 당시의 상황에서 각 정파들은 민족국가 수립이라는 대명제에는 동의하고 있었으나 이해관계에 따라 각기 다른 목소리를 냈다.

해방의 흥분으로 인해 정치가뿐만 아니라 문학가도, 영화감독도, 거리의 사람들도 모두 정치를 이야기했다. 정치적 언사가 범람했던 해방 직후의 이런 들뜬 분위기는 곧 좌, 우익의 첨예한 갈등으로 번졌다. 평론가이자 영화감독인 서광제徐光霽는 해방 직후의 정치적 언사를 연못 위로 떨어지는 빗방울로 비유하며, 예술가들은 금방 사라지고 말 물방울처럼 정치에 휘말리지 말고 심원한 연못 같은 존재가 되라고 말했다.

> 소낙비가 별안간 오면 연못 위에 數많은 물방이 생긴다. 제 世上이 왔다고 생각했을지 몰라도 없어지고 말 가엾은 물방울의 存在이다. 政治家는 或여 몰라도 藝術家는 이 물방울의 存在가 되어서는 안

된다. 藝術家는 深遠한 연못의 存在가 되어야 한다.[1])

해방의 감격은 세상을 뜨겁게 달궜다. 모두가 선택한 길은 정치의 길이었다. 심원한 연못 같은 존재를 이야기했던 서광제 역시 조선공산당의 주요 인물인 고경흠高景欽 등이 창간한 좌익신문 『독립신보獨立新報』의 편집인으로 활동했으며, 우익영화인들이 빠져나간 조선영화동맹朝鮮映畵同盟에서 맹활약했다. 또한 남북연석회의南北連席會議에 참석하는 김구의 수행기자로 평양을 방문하여 『북조선기행』이라는 선전용 기행문을 남겼고, 단독정부 수립 직전 월북해 이북에서 활동했다.

해방기는 모르는 사람을 만나면 처음 묻는 말이 "좌요? 우요?" 라고 했던, 모두가 정치에 익숙했던 정치의 시대였다. 이런 시대적 요구에 따라 각종 정치단체들이 우후죽순처럼 생긴 것은 당연한 일이었다. 영화계도 마찬가지였다. 영화인들이 모여 있던 서울에서는 조직의 경험이 있던 과거 카프KAPF 출신 영화인들과 사단법인 조선영화사朝鮮映畵社 출신 영화인들이 중심이 되어 조선영화건설본부朝鮮映畵建設本部, 조선프롤레타리아영화동맹朝鮮프롤레타리아映畵同盟, 조선영화동맹을 세워 영화운동을 펼쳤다. 그 밖에 조선영화배우협단朝鮮映畵俳優協團, 한성극장협회漢城劇場協會, 영사기술자협회映寫技術者協會, 영화감독구락부映畵監督俱樂部 등 여러 영화운동단체, 직능단체 또한 만들어졌다.

해방 직후 만들어진 각종 영화인 조직의 근본적인 설립 이유는 영화를 통해 민족국가 수립에 이바지하기 위한 것이었다. 해방 후 설립될 민족국가를 위해 도움이 되는 활동을 전개하는 것이야말로 조선영화인들이 해야 할 임무라고 생각한 것이다. 물론 이러한 움직임은 일제 말기 조선영화인들이 일본의 침략전쟁을 위해 국책영화를 만들었던 것에 영향을 받은 것도 있었다.

일제 말기처럼 조선영화인들이 단일한 대오로 활동하기에는 정세도 복잡했고 지향하는 바도 달랐다. 이런 이유로 각 영화인들은 그들의 정파적 이해관계에 따라 이합집산을 했으며 갈등하고 분열했으며 적대적으로 싸웠다.

이처럼 해방기는 영화의 제작, 배급, 흥행과 같은 보통의 영화 활동이 아닌 조직을 세우고 강령을 만들어 영화운동을 했던 정치 활동이 우선시 되던 시기였다. 그렇기 때문에 이 시기 한국영화 연구의 중심은 이런 영화운동에 관한 연구일 수밖에 없다.

이 글에서는 해방에서 6·25전쟁 직전까지의 기간을 중심으로 영화인들이 남과 북으로 이합집산을 거듭하며 민족영화 건설을 위한 영화운동을 어떻게 전개했는지, 또한 이를 위해 영화인 조직들은 어떠한 변천과정을 거쳤고, 어떠한 활동을 했는지 살펴볼 것이다.

이들의 활동을 역사적 사실로 복원하기 위해 당시의 신문, 잡지 등의 자료들을 적극적으로 인용할 것이다. 좌우익의 분열, 분단과 전쟁이라는 민족적 비극은 해방기에 있었던 영화인들의 선택을 단죄해야 할 것, 숨겨야 할 것으로 만들었다. 그래서 남한에서 좌익영화인의 활동과 북한에서 숙청된 영화인들의 활동은 그동안 금기시되었던 역사적 사실이었다. 당대의 자료를 통해 그들의 목소리를 듣는 것이야말로 이데올로기를 강요받을 수밖에 없었던 영화인들의 숨겨진 목소리를 찾아내는 것이라 볼 수 있다.

주

1) 서광제, 「조선영화론」, 《신천지》, 서울신문사, 1946. 8.

제2장

해방과 민족영화 건설을 위한 노력

1945년 8월 15일 정오, 일왕 히로히토裕仁의 항복 선언이 라디오를 통해 일본과 조선 전역에 전해졌다. 태평양전쟁에서 일제가 패배한 것이다.

항복 선언이 있기 일주일 전인 8월 9일 0시, 소련이 일본에 대해 선전포고를 했다. 소련군은 두만강을 건너 진격해 내려왔으며 동해안의 주요 항구도시에 상륙작전을 펼쳤다. 8월 11일, 소련군은 웅기를 점령했으며 8월 12일 라진을, 일본 패망 직후인 16일에는 청진까지 점령했다.[1] 조선이 전쟁터로 바뀌고 있었음에도 일제의 식민 지배를 받아 온 조선인들에게 일본의 패망은 믿을 수 없는 일이었다.

일왕이 항복했다는 이야기는 입에서 입으로 퍼졌다. 반신반의하는 분위기는 오후 늦게 서대문형무소에서 정치범들이 석방되고, 이들의 석방소식이 알려지자 바뀌었다. 조선인들은 출소한 정치범들을 보며 비로소 해방을 실감했다. 전쟁 기간 동안 등화관제에 시달려 온 도시민들은 집집마다 밤새 불을 밝혀 놓고 해방의 첫날을 만끽했다. 다음 날 전국 방방곡곡에서 본격적인 만세 행렬이 시작됐다.

해방의 감격은 영화인들도 마찬가지였다. 해방 당시 조선 유일의 영화회사로 어용영화 제작에 앞장섰던 사단법인 조선영화사(이하 조영朝映) 소속 조선인 영화인들은 해방 다음 날인 1945년 8월 16일 아침, 조영의 창고를 뜯고 카메라를 꺼내 거리로 나섰다. 그리고 시내 곳곳의 만세 행렬을 카메라에 담았다. 일제의 침략전쟁에 조선인을 동원하기 위해 내선일체內鮮一體, 황국신민화皇國臣民化와 같은 전쟁이데올로기 전파에 앞장섰던 조영의 조선인 영화인들이 자신의 손으로 해방의 감격을 카메라에 담은 것이다. 이는 〈해방뉴스〉라는 이름으로 전국에 상영되었다.

⊙ 1945년 8월 16일 서대문형무소에서
석방된 정치범들을 환영하는 인파

⦿ 1945년 8월 16일 휘문고등학교 교정에서 연설하는 여운형

조영에서 무라야마 토모요시村山知義 원작의 〈고향이야기故鄕〉를 연출하던 중 해방을 맞은 영화감독 이병일李炳逸은, 해방 다음 날 감격적인 순간을 카메라에 담던 그때가 영화인으로서 처음 보람을 느꼈을 때였다고 회상했다.

> 8月 16日 아침부터 朝鮮映畵社 倉庫를 부수고 카메라를 끄집어내어 우리나라 解放뉴-스를 찍기 始作했다. 西大門刑務所 앞, 서울驛廣場, 鐘路街頭의 行進, 徽文高普運動場建準大會 等 우리나라의 獨立뉴-스를 빼지 않고 찍었다. 이때 처음 영화인으로서의 보람을 느꼈다.[2)]

해방이 되고 조선영화계에 남은 가장 시급한 문제는 일제가 떠나면서 남긴 정신적, 물질적 잔재를 해소하는 것과 민족국가 건설에 이바지할 영화운동조직을 건설하는 것이었다. 조선 유일의 영화사인 조영의 처리 문제, 당시 극장의 대부분이었던 일본인 소유 극장의 처리 문제, 그리고 일제강점기의 친일 부역 영화인들에 관한 문제가 바로 일제 잔재 청소에 관한 것이고, 조선영화건설본부, 조선프롤레타리아영화동맹, 조선영화동맹으로 이어지는 영화운동조직의 건설이 후자인 영화운동에 관한 것이다.

1. 일제 잔재 청소

가. 적산 조선영화사

조영은 조선총독부 주도로 1942년 5월 설립된 조선영화배급사朝鮮映畫配給社와 9월 설립된 조선영화제작주식회사朝鮮映畫製作株式會社를 모태로 하고 있다.

영화배급을 독점했던 조선영화배급사는 자본금 15만 원 중 조선영화제작주식회사에서 5만 원, 조선흥행연합회朝鮮興行聯合會에서 5만 원, 매일신보每日新報에서 2만 5천 원, 경성일보京城日報에서 2만 5천 원을 각각 출자하여 만들었다.[3] 영화제작을 독점했던 조선영화제작주식회사는 자본금 200만 원 규모로 조선 내 일본인, 조선인 자본가의 합작으로 세워졌다. 조선영화제작주식회사의 주요 주주로는 경성상공회의

소京城商工會議所 부회장 다나카 사부로田中三郎, 아라이약방新井藥房 사장 아라이 슌지新井俊次, 조선자전차제조회사朝鮮自轉車製造會社 사장 다카이 타케오高居武雄, 조지아백화점丁子屋百貨店 사장 코바야시 겐로쿠小林源六 등 일본인 자본가와 이화以和 사장 김성호金聖浩, 경남자동차慶南自動車 이사 하준석河駿錫, 화신백화점和信百貨店 사장 박흥식朴興植, 경성방직京成紡織 사장 김연수金秊洙 등 조선인 자본가들이 포함되어 있었다.[4]

⊙ 총독부 통제 영화회사인 조선영화제작주식회사

이 두 회사는 1944년 4월 조선영화배급사가 조선영화제작주식회사를 흡수하는 식의 구조조정을 통해 사단법인 조선영화사(약칭 조영)로 재탄생했다. 이렇듯 조영의 구조는 조선 내 일본인 자본가와 조선의 손꼽히는 거부로 일제에 거액의 전쟁헌금을 기부하는 등 친일에 앞장섰던 조선인 매판 자본가들로 구성되었기 때문에 일제가 패망했을 때 조영의 모든 재산은 미군정의 관리 하에 놓이게 되었다.

미군정은 조영의 자산을 1948년 현재 238,000달러(3,570,000엔)로 추산했다.[5] 조영의 자산이 구체적으로 어떻게 구성되었는지는 자료의 부족으로 알 수 없다. 증언을 통해 조영의 대략적인 자산을 정리해 보면, 해방 당시 남대문시장 뒤의 촬영소와 창고 2개소, 남대문 밖의 촬영실과 녹음실, 을지로4가(광희동)의 창고, 원효로의 창고, 사택 2개소를 가지고 있었다고 한다.[6] 이는 조선영화의 전부였다.

해방 직후 조영의 사장 다나카 사부로는 조선인 종업원 중 간부급이라고 할 수 있는 사원들에게 조영의 운영을 타진했다. 해방 당시 조영의 주요 조선인 실무자로 계획계장 김정혁金正革, 미술계주임 윤상열尹相烈, 기술과장 이재명李載明, 촬영계장 이명우李明雨, 조명계주임 김성춘金聖春, 편집계주임 양주남梁柱南 등이 있었다.[7] 김성춘의 증언에 의하면 다나카 사부로는 김성춘을 불러 조영의 운영을 제의했지만 그는 일개 사원이 조선영화 전체를 운영한다는 부담감 때문에 이를 거절했다고 한다.[8]

결국 조영의 기술과장 이재명을 중심으로 운영위원회가 구성되었다. 일본인 운영자들은 미군 진주시까지 조영에 남아 직원들에게 퇴직

⊙ 이재명

⊙ 김성춘

⊙ 김정혁

금을 지급하는 등 조영을 정리했고, 운영자금 10만 원과 함께 이재명을 운영위원장으로 하는 조선인 영화인들에게 그 운영을 넘겼다.[9] 이후, 조영은 조선영화건설본부朝鮮映畵建設本部(이하 영건)의 설립과 함께 그 산하 제작 조직에 편입됐다. 아래는 『매일신보』에 실린 최초 영건의 조직 명단이다.

中央委員長 이재명

위원 김정혁 김한 방한준 성동호 윤상열 이명우 이병일

① 내무대(대장) 안석영

② 경비대(대장) 김성춘

③ 뉴스대(대장) 김정혁

④ 상영대(대장) 성동호

보존대 박기채 최인규[10]

『매일신보』에 보도된 최초의 영건 조직을 보면 이는 영건의 조직이 아닌 조영의 운영위원회라는 것을 알 수 있다. 같은 날, 같은 신문에 보도된 조선연극건설본부朝鮮演劇建設本部(이하 연건)의 조직과 비교해 보면 그 차이는 확연하다. 아래는 연건의 조직이다.

중앙위원 송영

서기장 안영일

執行委員

(극작부) 서항석, 조명암

(연출부) 이서향, 나웅

(연기부) 배용, 서일성, 윤부길

(무대미술부) 김일영[11)]

위에서 보듯이 연건의 조직은 중앙위원과 서기장을 중심으로 극작부, 연출부, 연기부, 무대미술부로 나뉘어 있었다. 이를 통해 연건이 직능별 대표를 중심으로 한 연극운동조직이라는 것을 한눈에 알 수 있다. 반면 영건은 운동조직에 필수적으로 있어야 하는 서기장이 존재하지 않으며, 조직 자체가 중앙위원장 이재명을 중심으로 하는 조영의 운영위원회를 그대로 옮겨 온 것으로 보인다.

조영의 서무과, 업무과, 회계과는 조선영화제작주식회사 연출주임이었던 안석영安夕影을 대장으로 하는 영건의 내무대로 옮겨 왔다. 경비대는 조영 시설에 대한 경비를 담당하는 것으로 조명계주임인 김성춘이 대장을 맡았다. 이는 휘하에 데리고 있는 젊은 조선인 기술자들이 경비업무를 담당했기 때문이었다. 해방 직후 들뜬 사회 분위기에서 일제에 봉사하던 영화시설에 대한 테러를 막기 위해 경비대는 필수적이었다. 보존대는 조영의 대표 영화감독인 박기채朴基采, 최인규崔寅奎가 맡았다. 이는 조영의 자료와 자재, 기재에 대한 보존업무로 추측된다. 내무대, 경비대, 보존대와 같은 조직은 조선문학건설본부朝鮮文學建設本部(이하 문건)나 연건과 같은 조선문화건설중앙협의회朝鮮文化建設中央協議會(이하 문건중협)의 산하 조직에서는 찾아볼 수 없다. 운동조직이라고 하기에도 엉성한 면이 많다. 그렇다면 위의 영건 조직은 일본인 관리자들에게 조영을 인계 받기 위한 운영위원회임이 분명하다.

해방 당시 가장 중요한 업무는 뉴스의 제작과 상영이었다. 해방 다음 날, 조영의 창고를 부수고 꺼내 온 카메라와 필름으로 해방의 감격을 기록했던 조영의 조선인 영화인들은 이재명을 중심으로 운영위원회가 설치되자 비로소 조직적인 활동을 시작할 수 있었다. 가장 먼저 뉴스대와 상영대가 조직되어 활동에 들어갔다. 뉴스대의 대장은 조선영화제작주식회사 선전과장을 역임하고 조영의 계획계장으로 있던 김정혁이 맡았고 상영대의 대장은 유명 변사 출신으로 조영의 배급업무를 담당했던 성동호成東鎬가 맡았다. 촬영팀은 조영의 촬영계장이 던 이명우의 지도하에 조직되었다. 이들은 전국으로 흩어져 뉴스를 촬영했다. 당시 평양에 있던 오영진吳泳鎭의 요청으로 평양으로 파견 간 촬영기사 김학성金學成은 소련군의 평양 입성, 미군의 인천 상륙, 평양시민대회 등 주요한 뉴스를 촬영했다.[12] 이들이 만든 〈해방뉴스〉는 1945년 10월 21일 경성극장京城劇場, 낭화관浪花館, 명치좌明治座에서 일제히 공개되었다.[13]

조영은 미군정이 시작되면서 미군정의 관리 하에 들어갔다. 미군은 1945년 9월 2일 「연합군 최고사령부 일반명령 제1호」를 발포, 북위 38도 이남에 군정이 시작될 것을 알렸다. 이 문건은 B29 폭격기를 통해 남한 지역 주요 도시에 뿌려졌다. 1945년 9월 8일 미군 제24군단이 인천을 통해 입국하여 본격적으로 미군정이 시작되었다.

미군정이 시작된 지 얼마 지나지 않은 1945년 9월 25일 미군정은 조선에 있는 일본을 비롯한 패전국의 재산을 미군정에 귀속시키는 군정청법령 제2호 「패전국 정부 등의 재산권 행사 등의 금지」를 발포했다. 군정청법령 2호의 제1조에 따르면 패전국의 재산(적산)을 매매, 취득, 이동, 지불, 인출, 처분, 수입, 수출 기타 취급과 권리, 권력, 특권의 행사는 법령에 규정한 이외에는 금지하고, 제2조에서 적산에 관하여는 모두 군정청의 허가와 지시를 받아야 한다고 명시했다. 이 법령은 발포 즉시 시행되었다. 이 법령을 통해 조영의 모든 재산은 미군정 관리 하에 들어갔다.

조영의 재산을 이용하여 뉴스를 촬영하던 영화인들은 우선 미군정의 허가를 받아야 했다. 법령이 발포되기 하루 전이자, 영건의 창립일인 1945년 9월 24일, 군정청 보도부에서는 조영의 기재를 이용하여 뉴스를 촬영하는 것을 허락했다.[14)]

미군정의 관리 하에 들어간 조영은 〈해방뉴스〉를 제작하고 보유하고 있는 외국영화를 상영하는 것 외에는 활발한 활동을 하지 못했다. 조영에 모여 있던 영화인들은 해방 직후 뿔뿔이 흩어졌다. 가장 큰 이유는 생필름의 부족으로 영화제작이 활발하지 못했기 때문이었다. 일제 말기에는 부족하나마 필름을 배급 받았지만 해방 이후에는 생필름이 수입이 되지 않아 영화제작이 쉽지 않았다. 기존 보유하고 있던 필름은 뉴스 제작 위주로 사용될 수밖에 없었다. 별다른 수입이 없고, 극영화가 제작되지 않은 상황에서 조영 전속의 감독, 배우, 기타 직원들은 급여를 받을 수 없었다.[15)] 이들 영화인들은 새로운 일거리를 찾아 나설 수밖에 없었다. 일례로 조영 전속 배우들은 극영화 제작이 이루어지지 않자 연쇄극을 찍어 무대에 서려는 기획을 세웠다.[16)] 이 기획은 영화배우들이 주축이 된 조선영화배우협단의 창단으로 이어졌다.

조선총독부의 주도로 세워진 독점적 영화기업 조영은 배우들을 전속으로 두고 직원들에게 월급을 줄 정도로 큰 규모였다. 해방 후, 조영은 미군정의 관리 하에 들어갔고 더 이상 극영화 제작과 같은 적극적인 영화제작 활동은 이루어지지 않았다. 단지 뉴스와 문화영화를 제작하고 기존에 보유하고 있는 영화의 배급에 만족해야만 했다. 영화산업에서의 독점적인 지위도 사라졌다. 그럼에도 적산 조영은 해방기 영화운동조직을 이해하는 데 필수적이다. 왜냐하면 영화운동 조직원 대부분이 조영 소속이거나 조영 출신이었고, 조영의 자재와 기재 없이는 어떤 활동도 할 수 없었기 때문이다.

나. 적산 극장

해방 직전까지 경성의 극장가에는 일제의 침략전쟁을 고무하고 내선일체를 강조하는 영화, 연극이 상연되고 있었다. 해방 전날인 8월 14일, 약초극장若草劇場에서는 유치진柳致眞이 이끌던 극단 현대극장現代劇場의 〈산비둘기〉가 공연되었고, 제일극장第一劇場에서는 고협高協의 첩보물 〈흰독수리〉가 공연되었다. 『매일신보』와 『경성일보』에는 조영의 신작 〈우리들의 전장我等の戰場〉이 개봉된다는 광고가 해방 직전까지 실려 있었다.

8월 15일, 일제의 패망이 알려지면서 시내의 모든 극장은 자발적으로 문을 닫았다. 그 사이 극장의 지배인 혹은 종업원이었던 조선인들이 일본인 소유의 극장들을 접수했다. 8월 25일이 되어서야 극장이 다시 문을 열었다.[17]

미군정에 접수된 조영과 마찬가지로 일본인 소유 극장 모두는 1945년 9월 25일 발포된 군정청법령 제2호로 미군정 귀속 재산이 되었다. 이제 극장 관리인들은 미군정의 지시에 따라 극장을 관리해야만 했

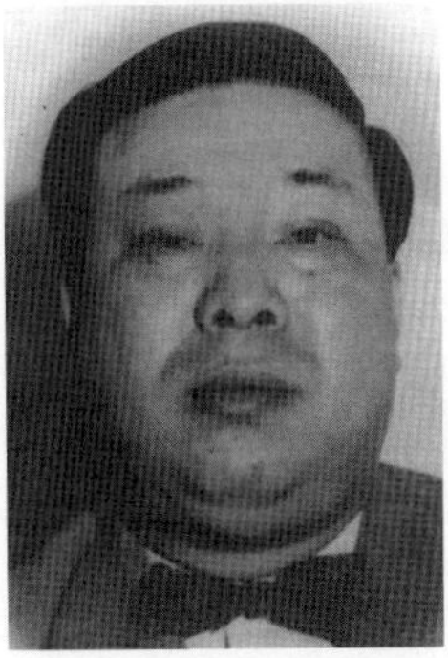

⊙ 홍찬

다. 그러나 미군정 귀속 재산 전체의 관리를 재무국 내의 두 명의 관리자가 맡았기 때문에 제대로 된 관리가 이루어질 수 없었다. 1945년 10월 1일, 80명의 인원을 둔 재산관리과가 설치되고 1945년 12월 12일, 군정청법령 제33호「재한국인 일본인 재산의 귀속에 관한 건」이 공포되면서 비로소 본격적인 미군정의 관리가 시작되었다.[18] 미군정의 이런 흐름에 발맞추어 적산 극장을 접수했던 종업원들은 극장 운영을 원활하게 하기 위해 조선인 흥행가와 자본가들을 경영자로 참여시켰다. 예를 들면 명치좌는 일본 경찰 출신의 김양성金良成, 약초극장은 조선영화제작주식회사 진행주임 출신의 홍찬洪燦, 제일극장은 고려영화협회高麗映畵協會를 이끌었던 이창용李創用, 중앙극장中央劇場은 조선연극문화협회朝鮮演劇文化協會 상무를 역임하고 해방 직전 중앙극장의 지배인으로 있던 김상진金尙鎭이 경영자 겸 관리인으로 들어오는 식이었다. 이들 적산 극장의 관리인들은 자신들의 기득권을 유지하기 위한 조직의 건설과 단결에 힘썼다.

극장 관리인들은 1945년 12월 3일 한성극장협회를 구성했다. 창립 당일 이사장 홍찬, 부이사장 김상진, 박응면朴應冕, 이사 윤화尹華, 엄순성, 감사 김양성, 홍용택洪龍澤이 선출되었다.[19] 극장 관리인들은 영화동맹이 만들어지자 그곳에서 자신들의 이익을 대변했다. 이들의 중심에는 해방 후 약초극장의 관리인이 된 홍찬이 있었다. 홍찬은 신탁통치 문제로 좌우익의 대결이 심화되자, 우익영화인의 대표로 미군정과 이승만에 대한 절대적인 지지를 보냈다. 미군정과 뒤이은 이승만 정권에서는 반대급부로 극장 불하와 같은 직접적 혜택을 이들에게 주었다. 이러한 정경 유착을 배경으로 한성극장협회장 홍찬은 자유당 시기를 대표하는 흥행자본가로 급성장할 수 있었다.

영화인 조직이 영건, 프로영맹, 영화동맹 등으로 분열과 통합을 되풀이했던 것에 반해 홍찬이 이끌었던 한성극장협회는 가장 단결이 잘 되었다. 이들은 극장운영권을 유지하기 위해서라면 신문에 협회의 광고를 싣는 정도를 넘어 권력자들에게 줄서기도 마다하지 않았다. 반면 적산 극장의 소유권이 확립되지 않은 상태였기 때문에 낙후한 극장 시설을 개비하는 것을 꺼려서 극장 내의 위생과 안전은 자주 문제로 지적되었다.[20)]

미군정의 좌익 탄압이 시작되면서 이들은 영화동맹에서 주도하던 각종 문화운동에 동참하기보다는 미군정의 지시만을 충실히 따랐다. 관리인의 해임과 임명, 극장 수익의 처분 등 미군정의 통제를 받는 적산 극장들은 미국영화의 국내 시장 점령에 큰 역할을 수행했다.

냉정하게 따져 보면 한성극장협회 설립 직후 협회 차원에서 한 가시적인 일은 일본식 극장 이름을 우리식으로 바꾼 것과 국민의식을 높이기 위하여 국제극장에서부터 상영 전 관중에게 애국가를 제창하도록 한 것뿐이다.[21)]

아래의 표는 해방 직후 서울 소재 극장의 관리인과 일본식 극장명의 개칭 전, 개칭 후의 변화를 담고 있다.

〈표 1〉 해방 직후 서울 소재 극장 현황[22]

개칭 전	개칭 후	관리인	비 고
明治座	國際劇場	金良成	1946년 1월 1일부로 개칭
若草劇場	首都劇場	洪　燦	1945년 11월 26일부로 개칭
中央劇場	左同	金尙鎭	
第一劇場	左同	李創用	
東洋劇場	左同	全浩然	
京城劇場	서울劇場	姜相律	1945년 11월 15일부로 개칭
新富座	漢城劇場	金上喆	1946년 1월 20일부로 개칭
桃花劇場	左同	鄭益文	
優美館	左同	嚴順成	
城寶劇場	國都劇場	金東烈	일제 말기 화재로 방치된 것을 수리하여 1946년 5월 28일 재개관하며 개칭
浪花館	明洞劇場	洪龍澤	1946년 3월 이전 개칭
朝日座	長安劇場	朴信泰	1946년 1월 1일부로 개칭, 관리인 白聖德에서 朴信泰로 바뀜
城南劇場	左同	安炳壽	
大陸劇場	團成社	金麟漢	1946년 3월 1일부로 개칭
永寶劇場	左同	朴應冕	
光武劇場	左同	尹　華	
和信映畵館	左同	閔泳星	화신백화점이 직영, 지배인 金哲洙에서 閔泳星으로 바뀜[23]

다. 친일 부역 영화인

다른 분야도 마찬가지였지만 해방 후 영화계에서 제일 먼저 해야 했던 일은 친일 영화인에 대한 숙정肅正이었다. 일제 식민 치하의 부역 행위와 적극적인 친일 행위는 단죄하고 신 국가 건설에 필요할 경우 이들을 용서하고 중용하는 것이 순서였다. 그러나 친일 영화인에 대해서는 영화인 어느 누구도 뭐라 말할 수 없었던 것이 당시의 상황이었다. 대부분의 영화인들이 일제의 국책영화 제작에 참여한 경력을 가지고 있었기 때문이다.

사회적 지위와 명성에 따라 일제에 협력한 농도는 짙어지는 것이 사실이다. 조선영화계에 이름 있는 영화인이라면 친일의 굴레에서 자유로울 수 없었고 거기에 명성이 더해진다면 친일의 농도는 더욱 진할 수밖에 없었다. 조영 소속의 조선영화인들 중에는 최인규, 박기채, 방한준方漢駿, 안석영, 서광제와 같은 유명 감독에서부터 무명의 조수들까지 친일 문제에 있어 자유롭지 못했다. 특히 앞서 언급한 유명 감독들과 관객에게 친숙한 유명 배우들의 친일의 농도는 진할 수밖에 없었다.

⊙ 박기채가 연출한 친일 영화 〈조선해협〉에서 문예봉(왼쪽)과 김신재(오른쪽)

조영에 입사하지 않았던 영화인들까지도 친일의 흔적은 발견된다. 영화감독 안종화安鍾和는 친일단체인 조선영화인협회朝鮮映畵人協會 회장, 황도학회皇道學會 발기인, 조선임전보국단朝鮮臨戰報國團 발기인이었으며 황금좌黃金座에서 친일 연극 〈개화촌開化村〉의 연출을 맡은 바 있었다. 일제 협력을 거부해 징용까지 갔던 영화감독 이규환李圭煥은 최초의 친일 영화로 평가 받는 〈군용열차軍用列車〉의 기획과 시나리오에 참여했다. 독일 유학파 출신으로 일제 말기 영화 활동이 없었던 안철영安哲永은 통역관으로 일하며 일제에 부역했다. 그의 이력서에는 일제 말기 요코하마의 독일 영사관과 서울의 소련 영사관 통역관으로 일한 경력이 기록되어 있다.[24] 중경 임시정부와 관련된 것으로 알려진 전창근全昌根의 경우도 고협에서 〈빙화氷花〉, 극단 태양太陽에서 〈밤마다 돋는 별〉 등의 친일 연극을 연출했다.[25]

조영에서 채용 시 철저한 신원 조사를 했기 때문에 좌익영화인들은 조영에 입사하지 못했다. 일부는 영화계를 떠나 낙향했거나 다른 분야에서 일을 했다. 일제 말기에 영화계를 떠나 고향 함흥으로 낙향했던 이규설李圭卨처럼 영화계, 연극계를 떠난 인물들을 제외하고는 좌익영화인들 역시 친일 부역 문제에 있어서 자유로울 수가 없었다. 카프 출신의 영화평론가로 이름을 떨치던 서광제는 최초의 친일 영화로 평가 받는 〈군용열차〉를 연출했고 조영의 설립에 누구

⊙ 이규설

⊙ 강호

보다도 앞장섰다. 〈지하촌地下村〉 등을 연출한 카프 출신 영화인 강호姜湖는 일제의 황국신민화에 봉사하는 수많은 국민연극國民演劇의 무대를 담당했다.[26] 또한 안영일安英一 등과 일본에서 좌익연극운동에 참여했던 허달許達은 조영의 기획과 직원으로 일했고, 초기 카프를 이끌었던 김기진金基鎭은 조영 기획과의 촉탁으로 있었다. 김기진과 함께 카프의 지도자였던 박영희朴英熙는 안석영이 연출한 〈지원병志願兵〉의 원작과 영화기획심의회映畵企劃審議會 위원으로 활동했다.

이북의 영화인들도 마찬가지였다. 북한영화의 기초를 닦았으며 일제강점기 제2차 태평양노조사건으로 수감생활까지 했던 주인규朱仁奎와 영화배우와 가수로도 유명했던 강홍식姜弘植도 친일 영화, 친일 연극에 그 얼굴을 내밀었다. 이 둘은 친일 영화로 분류되는 〈망루의 결사대望樓の決死隊〉, 〈거경전巨鯨傳〉, 〈태양의 아이들太陽の子供たち〉 등에 출연한 바 있었다. 또한 주인규는 심영沈影, 박창환朴昌煥과 함께 삼두체제로 친일극단 고협을 이끌었으며 강홍식은 유치진이 만든 친일극단인 현대극장의 단원이었다.[27] 평양에서 활동하다 1947년 월남한 시나리오 작가 오영진도 일제강점기 조영 기획과의 촉탁으로 일하며 시나리오 계발에 참여했다.

일제 말기 영화인 중, 영화를 버리고 의정부 근처의 산곡으로 솔가하여 들어갔던 윤봉춘尹逢春이나 앞서 언급한 이규설, 오랜 기간 감옥에서 보낸 추민秋民 정도만이 그나마 친일 협의에 있어 자유롭다고 말할 수 있었다.

해방 직후, 영화인의 친일 부역에 대해서는 일부 소장영화인과 비조영파 영화인에 의해 제기됐지만 유야무야되었다. 영화운동도 일제 말

⊙ 방한준이 연출한 친일 영화 〈거경전〉의 광고.
좌측 상단부터 시계방향으로 김소영, 진훈(강홍식), 야마모토, 김신재, 김한, 주인규

기 국책영화를 제작하던 조영의 영화인들 중심으로 이루어졌다.

조영 소속의 영화인들은 자신들의 치부가 될 친일 부역 영화를 없애는 데 재빨랐다. 1946년 서울극장에서 구정 특선으로 서광제가 만든 친일 영화 〈군용열차〉를 〈낙양의 젊은이들〉이란 제목으로 바꾸어 신작인 것처럼 상영한 사건이 일어났다. 해방의 감격이 채 가시지 않은 상태에서 친일 부역 영화가 상영된 것은 큰 물의를 일으키기 충분했다. 당시 조영에서 영업을 담당하고 있던 성동호가 『서울신문』과 한 인터뷰에서 조영에는 더 이상 어떠한 친일 영화도 남아 있지 않으며 업자들 자신이 크게 각성하여 수중에 있는 친일 영화를 각기 없애도록 해야 한다고 말했을 뿐이었다.[28)]

해방 직후에는 친일 영화인에 대한 논의보다는 조영에 입사한 영화인과 입사하지 않은 영화인, 좌익과 우익 영화인 간의 갈등이 있었을 뿐이다. 이는 훗날 영화운동조직의 분열로 나타났다. 좌, 우익으로 갈라진 영화인들은 조영에서의 영화 활동을 들어 상대를 헐뜯었다. 예를 들어 1947년《신태평양》에 게재된「민족반역은 누가 했나」라는 글에는 영화동맹의 주요 간부인 이재명, 이창용, 김정혁, 문예봉 등의 일제강점기 친일 활동에 대해 신랄하게 꼬집고 있다.[29)] 흥미로운 것은 이 글을 썼을 것으로 추정되는 이가 일제강점기 최초의 친일 영화 〈군용열차〉의 제작을 담당했으며 조영의 진행주임으로 활동했던 홍찬이다. 그는 당시《신태평양》의 주요간부로 있었다.

북한에서는 임시인민위원회의 설립을 전후로 친일 청산이 본격화됐다. 1946년 2월 8일「11개조 결정서」와 이어 3월 23일「20개조 정강」이 발표되어 친일 청산의 시행에 들어갔다. 그러나 북한에서도 남한에서처럼 친일 청산 문제에 대해 자세한 기준이 없었으며 철저하지도 못했다. 북한 지역의 인물난으로 친일 부역 혐의와 상관없이 필요하다고 여겨지면 적극적으로 포섭하여 국가 건설에 중용했다. 반대의 경우에는 작은 꼬투리라도 잡아 친일반동으로 매도했다.

문학예술 부문의 친일 청산도 마찬가지였다. 1946년에 작성된 것으로 보이는 명단이 오영진의 책에 소개되어 있다. 안막安漠의 책상 서랍에서 H라는 오영진의 친구가 몰래 뽑아 온 반동작가의 명단이라고 소개된 것이다.

〈표 2〉 북한에서 꼽은 반동작가 명단[30)]

高在旭(新聞)	金東仁(小說)	金鍾漢(詩)	金珖燮(詩)
金億(詩)	金東鳴(詩)	金龍濟(詩)	金基鎭(小說)
金永壽(戱曲)	金善琪	金正實(新聞)	金東煥(隨筆)
金活蘭	金東里(小說)	郭夏信(小說)	盧天命(詩)
柳致眞(戱曲)	柳致環(詩)	柳子厚(學術)	柳光烈(評論)
李石薰(小說)	李光洙(小說)	李殷相(詩)	李瑄根(學術)
李瑞求(戱曲)	李丙燾(學術)	李敦化(學術)	李晶燮
李勳求(學術)	李無影(小說)	李鍾洙(學術)	李順鐸(學術)
毛允淑(詩)	朴鍾和(小說)	朴英熙(評論)	朴基采(映畵)
朴勝彬(學術)	白鐵(評論)	白南雲(學術)	方鍾鉉(學術)
卞榮魯(小說)	徐廷柱(詩)	徐光霽(映畵)	宋奉瑀
申鼎言(野談)	俞鎭午(學術)	廋秋崗(野談)	尹白南(新聞)

異河潤(評論)	張赫宙(小說)	張瑞彦(詩)	張德秀(學術)
丁來東(外國文學)	鄭飛石(小說)	鄭人澤(小說)	鄭寅燮(外國文學)
趙潤濟(學術)	趙容萬(小說)	朱耀翰(詩)	崔益翰
崔載瑞(評論)	崔南善(學術)	崔貞熙(小說)	崔鉉培(學術)
咸尙勳(評論)	咸大勳(小說)	洪承耆	

오영진에 의하면 반동작가란 민주진영(남한)의 작가를 의미하는데 면면을 보면 민주진영의 작가라는 표현보다는 북한에서 꼽은 친일 부역 작가라는 표현이 더 정확한 표현일 것 같다. 위 명단에서 보듯이 북한에서 꼽은 친일 부역 예술인(반동작가)은, 영화인으로는 서광제와 박기채, 언론계로 분류된 윤백남尹白南이 있었다. 이들을 제외하고는 모든 영화인들을 수용한 것으로 보인다.[31]

2. 영화인 조직의 성립과 분열

가. 조선영화건설본부

安岩洞 큰 길에서 조금 떨어진 雅淡한 李載明의 집에는 한때, 朝鮮映畵株式會社에 關係하던 評論家 白鐵, 映畵監督 尹龍圭, 小說家 鄭飛石, 演劇人 安英一, 全評中央執行委員이며 日本共産黨員인 文斗載 等이 늦도록 모여 있었다. 그들은 간단한 酒案을 앞에 놓고 끊임없

> 는 論爭이며, 將來의 抱負를 말한다. 朝鮮映畵와 演劇의 將來를 論하고, 映畵人을 爲하여는 撮影所를, 演劇人에게는 劇場을 주어야 한다. 이것을 短時日內에 획득하기 위하여서는 政治, 政治, 政治.[32]

해방과 함께 조선인 영화인들은 유일한 영화제작회사인 조영을 인계 받았지만 아무런 준비도 없었던 급작스러운 상황에 혼란스러울 따름이었다. 〈해방뉴스〉 제작을 위해 평양에서 서울로 온 오영진이 이재명의 집에서 백철白鐵, 윤용규尹龍圭, 안영일, 정비석鄭飛石, 문두재文斗載 등과 토론하던 모습은 그 혼란의 단면이다. 이들은 영화인에게 촬영소를, 연극인에게는 극장을 주어야 하고 이를 위해서 연극인, 영화인 모두 정치에 참여해야 한다고 주장했다.

1945년 8월 18일, 임화와 김남천金南天이 중심이 되어 "장래 신정부의 문화예술정책이 확립되고 그 기관이 탄생되어 모든 임무를 다 해 나갈 때까지 각 문화기관을 연락 통일해 나가려는 협의기관"인 조선문화건설중앙협의회朝鮮文化建設中央協議會(이하 문건중협)가 창설되었다.[33] 조영의 운영위원장인 이재명을 비롯하여 김정혁, 박기채, 윤상열, 이병일이 협의회 의원으로 들어갔다. 이들을 중심으로 영건의 설립이 추진되었다. 아래는 『매일신보』에 보도된 문건중협의 간부진이다.

⊙ 임화

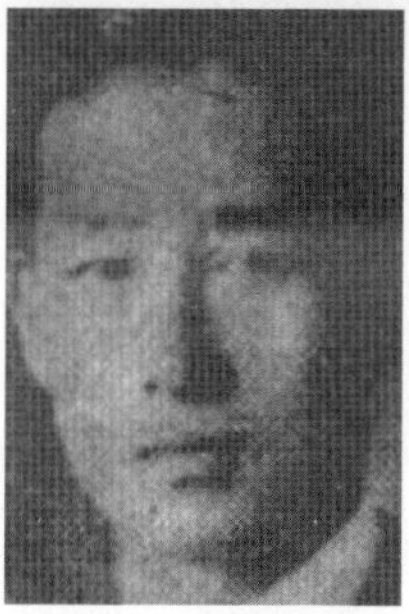

⊙ 김남천

議長 林和

書記長 金南天

議員

(文學建設部) 金南天 朴泰遠 李箕永 李泰俊 林和 李源朝

(美術建設本部) 高羲東 吉鎭燮 金周慶 盧壽鉉

(音樂建設本部) 金聖泰 朴慶浩 安基永 安炳昭 蔡東鮮 咸和鎭

(演劇建設部) 金承久 徐恒錫 宋影 安英一

(映畵建設部) 金正革 朴基采 尹相烈 李炳逸 李載明[34]

문건중협의 탄생은 조선공산당과 관련이 있었다. 문인보국회 간부였던 유진오俞鎭午는 1945년 8월 16일 새벽, 자택을 방문한 임화에게 금후 역사 전개 단계가 '부르주아 민주주의 혁명'임을 들었으며, 임화의 뒤에는 조선공산당의 최용달崔容達이 서 있었다고 증언했다.[35]

조선공산당은 1945년 8월 15일 밤, 서울계의 이영李英, 정백鄭栢 등과 경성대학 그룹의 최용달, 화요회계의 이승엽李承燁, 조동우趙東祐, 조두원趙斗元, 상해파의 서중석徐重錫 등이 장안빌딩에 모여 격론을 벌인 끝에 16일 새벽, 결성을 마쳤다.[36] 그날 새벽 임화와 최용달이 유진오를 비롯한 인물 포섭 작업에 나선 것으로 보아 이들은 제일 먼저 문화예술 조직을 꾸리는 데 역점을 두었던 것 같다. 또한 임화가 16일 새벽, 문인보국회 간부 유진오를 만난 것으로 미루어 조영을 접수한 이재명 등을 비롯한 영화계 인물들과의 만남도 추측해 볼 수 있다. 한때 영화배우로 활약한 바 있는 임화는 일제 말기 고려영화협회의 촉탁으로 일하며 〈집 없는 천사家なき天使〉의 대사를 썼으며, 고려영화협회가 해산된 후에는 이창용이 세운 조선영화문화연구소朝鮮映畵文化研究所에서 근무했었던 만큼, 영화인들과는 막역한 관계를 유지하고 있었다.

영건은 문건중협의 영화건설부 의원이자 조영의 운영위원회를 이끌고 있던 김정혁, 박기채, 윤상열, 이병일, 이재명이 중심이 되어 설립되었다. 이들은 당시 영화계를 이끌고 있던 대표적 인물들로서, 김정혁은 해방 전 고려영화협회의 기획업무를 담당했으며, 조선영화제작주식회사의 선전과장, 조영의 기획계장이었다. 박기채는 조영의 대표 감독으로 조영에서 문화영화 〈우리는 이제야 간다我等いまぞ征く〉(1942), 극영화 〈조선해협朝鮮海峽〉(1943), 전화기 공출을 소재로 한 계발영화 〈국토방위를 위하여國土防衛のために〉(1944)를 연출한 바 있었다. 이병일은 조선영화령朝鮮映畵令을 환영하는 내용의 〈반도의 봄半島の春〉(1941)을 연출했으며, 조영 전속으로 입사하여 문화영화 〈반도의 소녀들半島の乙女達〉과 방공계발영화 〈적기는 다시 온다敵機はまた來る〉(1944)를 연출했다. 윤상열은 선전鮮展 출신 화가로, 토월회土月會 시절부터 연극, 영화의 미술과 장치를 담당했고, 조영 영화의 미술을 담당하는 미술계주임이었다. 이재명은 최남주崔南周가 1937년에 세운 조선영화주식회사의 제작을 담당했으며 1942년 설립된 조선영화제작주식회사의 제작과장 겸 기술과장을 거쳐 사단법인 조선영화사(조영)의 기술과장을 맡고 있었다. 이렇듯 임화 등이 주동이 되어 설립된 문건중협과

⊙ 박기채

⊙ 이병일

그 영향 하에 있던 영건에는 조선영화계를 대표하는 조영의 주요 인물들이 참여했다. 이 점은 해방 직후 영화운동이 조선공산당의 지도하에 조영의 주요 영화인들이 참여하여 시작되었음을 알려 준다.

그럼 영건은 언제 조직되었나? 최초 영건의 결성일은 원로영화인들의 증언을 토대로 1945년 9월 24일로 알려졌다. 그러나 이효인, 남인영, 조혜정 등의 연구자에 의하여 8월 19일과 8월 31일이라는 다른 주장이 나왔다. 이효인과 조혜정의 경우는 1947년 『예술연감』에 실린 서광제의 글을 근거로 8월 19일로 주장하고 있고, 남인영의 경우는 1947년 간행된 『조선연감』을 근거로 8월 31일로 주장하고 있다. 아래는 『예술연감』에 실린 서광제의 글이다.

> 一九四五年 八月十九日 二時 — 궂은 비 나리는 서울市 南大門街에 있는 朝鮮映畵社 試寫室에서 朝鮮映畵人의 歷史的인 모임이 있었으니 그것은 우리 文化人의 歷史的인 任務遂行인 民主主義民族文化樹立을 웨치는 「朝鮮映畵建設本部」의 組織이었다.[37]

위와 같이 『예술연감』의 서광제의 글에는 영건의 조직일이 문건중협 창설 다음 날인 1945년 8월 19일로 적시되어 있다. 그러나 남인영이 근거로 삼은 1947년 『조선연감』에는 어느 부분에도 영건의 조직일이 8월 31일로 기록되어 있지 않다. 『조선연감』에 있는 정확한 문장은 "여기서(조영을 말함—인용자) 일하던 영화인들을 중심으로 전 영화인이 집결하여 진보적인 민주주의 강령 밑에 조선영화건설본부를 결성하고 영화재건의 힘찬 제1보를 내딛었다"이다.[38] 8월 31일이라는 날짜는 적혀 있지 않다. 1945년 9월 1일 『매일신보』에 보도된 문건중협의 창설에 관한 기사로 인해, 연구자가 영건의 설립일을 착각한 것으로 보인다. 그렇다면 영건의 조직일은 1945년 8월 19일이 거의 확실해 보인다. 실제 최근의 연구에서 영건의 조직일이 8월 19일로 통용되고 있다. 그러나 당시 영건의 창설에 주도적 역할을 했던 오영진의 기록을 보면 영건이 해방된 지 한 달이 다 되도록 조직 구성조차 하지 못했다고 한다.

> 서울 文化人의 政治的 攻勢는 눈부실 만큼 燦爛하다. 그들은 재빨리 「中央文化建設協議會」를 組織했고, 그 傘下에는 文學, 音樂 等의 各 部門의 分科委員會가 設置되었다. 그리고 評論家이며 詩人인 林和를 議長으로 하는 「中央文協」은 呂運亨, 安在鴻氏가 리-드하는 「朝鮮建國準備委員會」를 絶對로 支持하고 있다. 미처 組織이 안 된 朝鮮映畵界는 李載明의 말에 의하면 日帝時에 가장 日本에 對하여 非協力的이었던 나의 上京을 機會로 發足하려는 것이었다.[39)]

오영진이 이재명에게 해방 기념 기록영화의 각본 제작 요청을 받고 평양에서 서울로 상경했을 때가 소련군이 평양에 진주하기 직전이며 해방된 지 2주 정도 지났을 때였다. 소련군이 평양에 진주하기 시작한 것이 8월 24일이며, 본진이 평양역에 도착한 것은 29일이었다. 오영진은 본진이 평양에 입성하기 직전 서울로 떠났고, 당일 이재명을 만났다.[40)] 오영진의 기록처럼 연극건설본부는 8월 15일, 음악건설본부는 8월 16일, 문학건설본부는 8월 17일, 미술건설본부는 8월 18일 발족했다. 그러나 오영진이 서울에 도착하기 이전인 8월 19일, 영건은 조직되지 않았다. 그는 서울에서 기록영화 시나리오 작업을 마치고 평양으로 돌아가려던 그 바로 전날 남북의 철도가 끊어져 귀향하지 못했고 그때까지도 발족하지 못하고 있던 영건의 발족에 이재명, 윤상열 등과 힘을 모았다고 한다. 남북 철도가 끊긴 날은 1945년 9월 11일이다.

> 汽車가 다시 開通되기를 기다리는 時日을 利用하여 나는 李載明, 尹相烈(裝置家)과 함께 제일 發足이 늦은 朝鮮映畵建設本部의 設置를 準備했다. (중략) 看板은 내걸었지만 映畵界全體의 總力을 集結하여 가지고 「中央文化建設協議會」 傘下에 參加하려는 努力은 水泡로 돌아갔다. (중략) 이렇듯 四分五裂된 映畵人을 收拾못하고 誤解와 對立을 內包한 채 朝鮮映畵建設本部는 尹白南氏를 委員長으로 겨우 陣容을 갖췄다.[41)]

위의 내용을 토대로 한다면, 8월 18일 문건중협의 창설이 있었고, 문건중협의 조직을 전후로 문학, 연극, 미술, 음악 등 다른 건설본부들은 발족을 끝냈는데 영건만 영화인 간의 갈등으로 인해 조직을 구성하지 못했고, 영화인들 상호의 갈등을 품에 안은 채 영화계 원로인 윤백남의 권위를 빌려 해방 한 달 후, 비로소 조직 구성을 완료했다는 것이다. 윤백남을 위원장으로 하는 영건이 조직된 것이 1945년 9월 24일이므로 오영진의 기록을 따른다면 영건의 조직 구성일은 8월 19일이 아닌 9월 24일이 된다.

오영진의 기록만을 따르기에는 일시와 장소, 날씨까지 기록된 『예술연감』의 서광제의 기록이 의문으로 남는다. 서광제의 기록은 문건중협의 설립 다음 날인 8월 19일 비 오는 오후 두 시 조영 시사실에 영화인들이 모여 영건의 조직을 끝냈다는 것이다. 이 기록은 되짚어 볼 필요가 있다. 날짜가 정확한지 확인할 수 있는 가장 확실한 방법은 『예술연감』의 날씨와 기상청의 기록이 같은지를 비교하는 것이다. 기상청의 기록을 보면 1945년 8월 19일, 서울에는 비가 내리지 않았고 오전에 약간의 안개가 있었을 뿐 하루 종일 화창한 날씨였다고 한다.[42] 그렇다면 『예술연감』의 기록은 서광제의 착각으로밖에 볼 수 없다.[43] 당시의 정황상 1945년 8월 19일에 영화인 모임이 있었다면 그것은 모임이 가능한 영화인들만이 모여 치른 임시 영화인 대회일 가능성이 크다. 그리고 이 대회에서 가까운 시일 안에 영건의 조직과 집행부를 선출하고 문건중협에 정식으로 가입하기 위한 영화인대회의 개최를 계획했을 것이다. 영화인 조직을 창설하거나 집행부를 인선하기 위해서는 최고의결기구인 영화인대회의 개최는 필수적이기 때문이다. 따라서 8월 19일은 영건의 창립일이 될 수 없다.

또한 해방일 직후, 조영의 촬영, 기술 담당 영화인들은 조를 짜서 서울과 전국으로 흩어져 해방의 감격을 기록으로 남기고 있었고, 조영에 입사하지 않은 영화인들은 아직 서울에 모일 수 없었다. 모임이 있었다면 조영 소속 일부 영화인들만이 참석할 수 있었을 것이다. 이는 임시로 조직을 꾸릴 수는 있어도 정식으로 조직을 꾸리기에는 대표성에 의문을 가질 수 있는 부분이다. 그러므로 문건중협이 탄생한 8월 18일 이후, 조직도 구성되지 않은 실체 없는 영건의 간판이 문건중협 산하에 걸려 있었을 것이고 영건이 해야 할 일은 이재명이 관리하는 조영의 운영위원회에서 처리했을 것이다.

1945년 8월 18일, 문건중협의 창립에 영화인들이 참석했고 일부가 협의회 의원으로 선출되었음에도 영건의 창설과 조직 구성에는 왜 한 달이 넘는 오랜 시간이 필요했을까? 모두 영화인이라는 이름으로 자리를 함께 했지만 영화의 특성상 제작, 배급, 상영에 종사하는 사람에 따라 이해관계가 달랐다. 각 이해당사자 간의 의견 대립으로 영건의 설립은 지지부진할 수밖에 없었다. 영건의 발족을 위한 진통은 오영진의 기록을 통해 확인할 수 있다.

> 먼저 配給 興行과 製作을 一元化하는 데 對하여 一部 業者側에 反對가 있었다.
>
> 우리도 自由로운 映畵企業의 長點을 알고, 또 國家管理가 빠지기 쉬운 官僚의 獨善의 弊害를 모르는 바가 아니다. 그러나 朝鮮영화 자체의 不安全性과 脆弱性을 補强하고 外國映畵의 攻勢에 對備하여 自國映畵를 保衛·育成하는 길은, 그리고 現在에 있어서 이것을 爲한 가장 效果的인 方法은 强力한 國家管理의 길밖에 없다고 생각되었다. 映畵製作部門에 從事하는 사람들은 大概가 이 意見에 贊成했다. 「建協」에서 參席한 林和, 安英一도 同一한 意見이었고, 特히 共産黨員 文斗載는 映畵企業의 國家管理에 關한 强力한 意見을 陳述했다.
>
> 그러나 臨時議長 高仁文과 金春光 等 業者들은 종시 不滿의 뜻을 表明하고, 마침내는 議事途中에서 退場하고 말았고, 李圭煥, 安鍾和 等은 애당초부터 參席하지조차 안했다. 非朝映派의 旣成人은 끝끝내 朝鮮映畵建設本部를 뽀이콭 한 것이다. 그들뿐 아니라 前述한

바와 같이 秋赤陽을 中心으로 한 一群의 映畵人도, (후일의 푸로레타리아 映畵同盟員) 헤게모니-問題로 이 會議를 無視해 버렸다.[44)]

위의 기록에서처럼 영건 설립의 가장 큰 장애물은 바로 제작을 담당하는 영화인과 배급, 흥행업에 종사하는 영화인 간의 대립이었다. 창작자로서 제작에 종사하는 영화인은 영화산업 전체가 국영화되어 제대로 된 촬영소가 있는 좋은 환경에서 좋은 작품을 만들어 내고 싶었을 것이다. 그래서 해방 직후부터 일제 말기 유일한 영화회사인 조영을 중심으로 한 영화산업 전체의 국영화를 주장한 것이다. 제작업에 종사하는 영화인들의 주장을 문건중협의 간부인 임화와 안영일, 조선공산당에서 파견된 문두재가 지지하고 있었다. 반면 외국영화의 흥행권을 획득해 돈을 벌고자 했던 흥행업자들은 일제 말기 제작사, 배급사의 일원화로 자신들의 입지가 위축됐던 경험을 다시는 하고 싶지 않았을 것이다. 그래서 과거 미국 유나이티드사의 독점 배급권을 가지고 흥행을 했던 임시 의장 고인문高仁文과 극작가이며 흥행업자인 김춘광金春光[45)]은 회의 도중 자리를 박차고 나갔던 것이다.

영건의 설립을 추진하면서 영화인 간의 갈등도 늘어나기 시작했는데 제작과 흥행의 당사자들뿐만 아니라 조영파와 비조영파의 갈등, 좌익계의 소장 영화인들과 기성 영화인 간의 갈등이 표면화되었다. 또한 일제 말기부터 있었던 조영의 운영위원장인 이재명에 대한 영화기술자들의 불신도 재현되었다.[46)] 그렇기 때문에 영건의 창립까지는 문건중협이 설립되고도 한 달이 넘는 시간이 걸렸다. 영건에 참여하지 않은 소장영화인들은 곧 추민[47)]을 중심으로 프로영맹을 조직했다. 이러한 영화

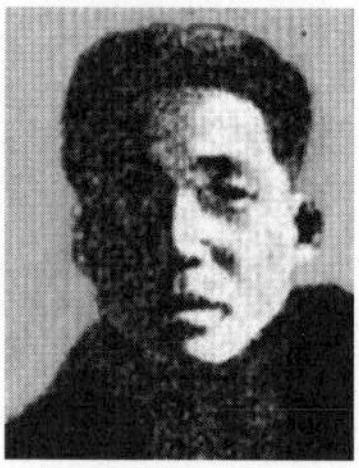

⊙ 김춘광

인들 간의 갈등은 영화동맹으로 통합되면서 수면 아래로 가라앉은 것처럼 보였지만 얼마 후, 신탁통치안을 두고 영화인들이 좌, 우익으로 분열되면서 갈등의 폭은 더욱 커지게 되었다.

영건은 영화인의 갈등이 곪아 터진 상태로 1945년 9월 24일 '조선영화인총대회'를 통해 창립되었다. 위원장은 윤백남, 서기장은 김정혁, 집행위원은 이재명, 서광제, 방한준, 김한金漢이 맡았다. 끝내 안종화, 전창근, 이규환 등 비조영파와 추민 등 소장파, 고인문, 김춘광 등의 흥행업자들이 보이콧했다. 범 영화인들의 조직 구성은 실패로 돌아갔다.

⊙ 윤백남

⊙ 방한준

⊙ 김한

미군정청조선관계보도부에서는 작二十四일부로 조선영화건설본부(朝鮮映畵建設本部)에 대하여 조선 내 각 도시와 지방에서 뉴-쓰와 영화제작 촬영에 대한 특권을 허여(許與)한다는 지령서를 정식으로 교부했다. 이로서 해방 이래 조선의 폭발된 환희와 그 외 온갖 행사를 채집하야 오든 동 본부에서는 즉시 편집과 녹음에 착수하여 다시 미군정청의 검열을 받은 다음 일반에게 공개하기로 되어 방금 그 준비에 분망 중이라 하는데 이 뉴스야말로 해방조선에 역사적 기록으로서 일반의 기대가 크다고 한다. 따라서 동 본부는 이를 기회 삼아 지난번 조선영화인 총대회(映畵人大會)에서 결정된 집행위원회(委員會)의 각 부서를 확립하여 종전대로 영화부의 일체 업무를 계승 보관하면서 활발한 활동을 개시했는데 그 진용(陣容)은 다음과 같다.

本部委員長 尹白南, 同 書記長 金正革
執行委員 李載明, 徐光霽, 方漢駿, 金漢
運營委員會 總務部長 崔完奎, 經理部長(代行) 朴基采,
制作部長(代行) 李載明, 技術部長(代行) 方漢駿
기획 配給部長 未定[48]

제작과 흥행을 일원화하여 영화산업을 국유화하려던 최초의 계획은 군정청법령 제2호로 제작을 담당하는 조영과 흥행을 담당하는 극장이 미군정의 관리를 받는 적산 기업이 되었기 때문에 불가능하게 되었다. 조선영화산업을 국영화하려는 미군정의 의지 없이는 조선영화인들의 바람은 불가능한 것이었다. 불행히도 미군정은 조선영화산업에 대한 어떠한 관심도 없었다. 애초 이해관계가 달랐던 흥행업자들과 비조영파 영화인, 좌익영화인이 가담하지 않은 채 영건은 출범했고, 가담하지 않은 사람들의 빈자리는 집행위원을 비롯한 인물들이 대행했다. 기대를 가지고 시작했던 영건은 출범부터 삐걱거렸다. 처음 가담했던 영화인들의 실망도 커졌다. 이에 따라 이탈자들도 늘었다. 그들의 빈자리를 채우기 위해 영건은 재조직되어야만 했다. 아래는 문건중협의 기관지《건설》에 실린 영건의 조직이다. 최초『매일신보』에 보도된 조직, 직책, 인원이 달라졌음을 알 수 있다.

委員長 尹白南

書記長 金正革

第一課長 吳曉[49] 洪顯東

第二課長 朴基采

第三課長 金漢

運營委員長 李載明

總務副長 崔完奎

經理部長 張○煥

技術部長 方漢駿

同 次長 金聖春[50]

애초 영화인 모두를 아우르는 조직을 구성하려고 했던 영건은 위의 조직 명부에서 알 수 있듯이 조영 출신 영화인을 중심으로 꾸려졌다. 위원장은 원로영화인 윤백남이 맡았다. 서기장은 김정혁, 제1과장은 이효異曉와 홍현동洪顯東, 제2과장은 박기채, 제3과장은 김한이 맡았다. 직속 제작사로 적산 조영이 있었으며 영건의 운영위원장으로 조영의 관리인인 이재명이 그대로 올라가 있었다. 그 외 조영의 운영조직인 총무부, 경리부, 기술부가 설치되어 있음을 알 수 있다.

1945년 11월, 추민을 중심으로 한 소장영화인들이 프롤레타리아 영화동맹을 만들었다. 영건의 서기장이었던 김정혁이 사퇴하고 윤상열이 그 뒤를 이었다.[51] 그 사이 윤백남이 위원장직에서 물러났으며 이재명과 불편한 관계에 있던 조영 출신 영화기술자들 역시 영건을 탈퇴하는 등 활동은 침체되었다. 급기야 집행위원회 회의에서 영건의 발전적 해소론이 등장했다. 영건은 조선공산당의 주도로 프로영맹과 함께 발전적 해소하여 영화동맹으로 통합했다.

앞서 살펴본 것과 같이 영건은 조선공산당의 주도로 설립된 문건중협의 산하 단체이자 미군정 관리에 있던 조영을 산하 제작기구로 가지고 있었다. 이 때문에 기존의 연구에서는 영건과 미군정과의 관계에 대해 꾸준히 언급하고 있다. 이효인은 영건을 문건중협의 산하 단체로서 진보적 성격을 지니는 한편 미군정청 소속이라는 애매한 보수적 성격도 지녔지만 이후, 영화동맹으로 통합되었고 영화동맹의 성격을 고려할 때 진보적 단체로 규정하여도 무방하다고 했다.[52] 남인영은 영건과 미군정과의 관계를 부정하고 있으며 그 문건중협의 산하 단체였음에도 그 구성원이 조영 출신의 친일 영화인이었다는 점을 들어 이것을 영건의 한계로 지적했다.[53] 조혜정은 미군정청이 영건을 통제하고 관리한 것은 아니지만 영건이 조선관계 보도부에 소속되어 행정 실무적 관리 하에 놓였을 것으로 추측했다.[54]

연구자들의 주장에 약간의 차이가 발생하는 이유는 연구자들이 중요하게 인용한 『한국영화자료편람』에 "1945년 9월 24일 재조선 미국 육군사령부 군정청 조선관계 보도부에서 조선영화건설본부를 설치"[55] 했다고 기록하고 있기 때문이다. 이 기록은 영화촬영과 제작을 허가하고 검열을 하는 식의 행정적 관리를 미군정청 소속으로 착오한 것임을 알 수 있다.[56] 정리하자면 영건의 직속 제작조직인 조영이 적산이었기에 영화제작과 상영에는 미군정의 행정적 관리를 받을 수밖에 없었지만 영건이 조선공산당과 관련되어 있는 문건중협의 지도를 받는 진보적 성격의 조직임은 틀림없는 사실이다.

나. 조선영화건설본부의 활동

영건이 프로영맹과 통합하여 영화동맹으로 되기까지 영건의 직속 영화제작기구인 조영에서는 〈해방뉴스〉 3편과 특보 2편을 만들었다.[57]

앞서 살펴본 것처럼 1945년 8월 16일, 조선인 영화인들이 조영 창고에서 카메라를 꺼내 해방의 감격을 촬영하기 시작했다. 〈해방뉴스〉의 촬영은 조영의 운영위원회가 설치되면서 조직적으로 이루어졌다. 운영위원회(위원장 이재명)에서는 뉴스대(대장 김정혁)를 두어 촬영을 지휘했으며 고참 촬영기사 이명우가 촬영기사들을 조직하여 북한 지역을 포함, 전국에 촬영반을 파견했다. 북한 지역에 파견된 촬영기사로는 평양으로 파견된 김학성과 함흥으로 파견된 이용민李庸民이 있었다. 또한 평양에 있던 시나리오 작가 오영진이 〈해방뉴스〉의 시나리오 제작을 위해 서울에 왔다.

⊙ 김학성

⊙ 이용민

미군 진주 후, 조영이 적산 기업으로 미군정의 관리 하에 들어가면서 활동은 지지부진해졌다. 영건이 결성된 1945년 9월 24일이 되어서야 비로소 미군정으로부터 영화촬영과 제작 허가를 얻고 본격적으로 편집과 녹음에 들어갈 수 있었다. 이렇게 만들어진 〈해방뉴스〉는 1945년 10월 21일 경성극장, 낭화관, 명치좌에서 최초로 공개되었다.

당시 기록을 통해 〈해방뉴스〉의 모습과 이를 본 관객들의 반응을 살펴볼 수 있다. 《조선주보》에 〈해방뉴스〉의 광고가 실려 있다. 광고의 내용으로 볼 때, 〈해방뉴스〉는 1보, 2보, 특보1, 특보2가 함께 상영되었음을 알 수 있다.

> 建國의 大業을 記錄한
>
> 歷史的 映畵 뉴-쓰!
>
> 一報 : 八.一五의 大示威, 呂運亨氏 感激의 絶叫,
> 日人들의 唐慌相, 全國 政治犯 救出!
>
> 二報 : 蘇軍 平壤進駐, 美軍 進駐, 降伏 調印式,
> 戰災 同胞 救濟 狀況, 미사聖祭
>
> 特報 : 李承晩 博士 歸國 第一聲!
>
> 特報 : 建準活動特輯, 學徒葬, 故 玄俊赫氏 平壤市民葬[58]

위 내용의 영상은 2007년 국가기록원이 일본에서 발굴한 〈해방조선을 가다〉에 압축되어 있다.[59] 〈해방조선을 가다〉는 해방 직후 일본에서 조직된 재일조선인연맹 산하 민중영화사民衆映畵社에서 해방 후 조선의 모습을 재일조선인들에게 보여 주기 위해 제작한 것이다.

재일조선인연맹에서는 주로 뉴스와 다큐멘터리 등을 제작했다. 이들이 제작한 〈조련뉴스〉는 조선영화동맹을 통해 조선에서 상영되었다. 마찬가지로 조선의 모습을 담은 〈해방뉴스〉 역시 일본에 건네져 재일조선인들을 상대로 상영되었다.

〈해방뉴스〉는 해방 당시의 감격을 기억하려는 일반 시민들에게 큰 호응을 받았다. 아래는 1945년 10월 22일 『신조선보』에 실린 〈해방뉴스〉의 시사평이다.

> 祖國의 旗빨 아래 처음 나온 조선영화 解放뉴-쓰 第一, 二緝 試寫를 二十日 午前 열時부터 京劇에서 몰려오는 感激에 쌓여 보았다.
>
> 八一五 以後의 저 偉大한 民族的 興奮의 가지가지 歷史的 場面이 收錄되어 있는 點 記錄的 價値로 보아서 實로 중요한 것은 말할 必要도 없다. 鎭定할 바를 모르는 街頭의 民衆의 興奮 속에 '카메라맨'도 編輯者도 함께 휩쓸려가는 것은 매우 自然스러운 일이었다. 더군다나 日本軍警의 武裝 아래서 撮影이 계속된 일과 아울러 생각할 때 일에 當한 映畵建設本部 諸氏의 苦心을 想像하고도 남음이 있다.(하략)[60]

위의 기사에서 "진정할 바를 모르는 가두의 민중의 흥분 속에 카메라맨도 편집자도 함께 휩쓸려가는 것은 매우 자연스러운 일이었다"라는 대목에서 볼 수 있듯이, 〈해방뉴스〉가 담고 있는 해방의 흥분과 감동은 당시 관객들에게 큰 울림을 주었다. 영건에서는 〈해방뉴스〉 3보를 제작하고 그 역할을 영화동맹에 넘겨주었다. 아래는 〈해방뉴스〉 3보에 관한 기사이다.

조선의 해방 뉴-스 제3보는 이승만 박사가 소집한 각 정당 대표자 회합의 광경과 광주학생사건 기념일을 당한 광주와 서울의 학생의 날 행사 그리고 연합군 환영 경기 등의 역사적 기록을 채집한 것이라 한다. 약 700척 1권. 편집 박기채, 촬영 김학성, 이용민 외, 아나운스 이계원[61]

위는 『중앙신문』 1945년 11월 16일자에 실린 〈해방뉴스〉 3보의 기사이다. 박기채가 편집했고, 촬영은 김학성, 이용민 등 조영의 촬영기사들이, 아나운스는 이계원이 했음을 알 수 있다. 주요 내용은 1945년 10월 23일 이승만을 중심으로 각 정당 단체 200여 명이 모여 만든 독립촉성중앙협의회獨立促成中央協議會의 회합 장면, 1945년 11월 3일의 광주학생운동 기념일 행사, 1945년 10월 20일의 연합군 환영대회와 10월 27일의 해방경축종합체육대회를 담고 있다.

〈해방뉴스〉는 일본뿐만 아니라 미국과 북한에도 전해졌다. 미국 동포들에게 조국의 소식을 알려 주기 위해 기획된 〈해방뉴스〉 영문판은 재미한족연합위원회在美韓族聯合委員會의 의뢰로 1946년 5월 만들어졌고, 군정청을 통해 미국으로 보내졌다.[62] 미국에 보내진 영문판 〈해방뉴스〉는 재미한족연합위원회를 통해 상영되었다. 미주 한인신문인 『신한민보』에 실린 광고는 〈해방뉴스〉의 미주 상영을 확인시켜 준다.

八一五 해방 활동사진

값은 다만 一백원

조선영화사로서 八一五해방—미아 양군진주와 태극기의 게양과 민중의 경축, 각 정당 영수의 출현과 및 그 후 미아 공동위원회 개회의 진상을 박은 활동사진을 재미한족연합위원회로 가져다가 수정을 더하여 장차 동포에게 보일 터이올시다. 이 사진은 오직 하나인 귀한 사진이오. 전부 3천척 한시 동안을 비춰 보일 수 있고 값은 다만 一백원이오니 원하시는 이는 기별 하시기를 바라나이다.

재미한족연합회 집행부 근계[63]

팔일오 해방 활동사진

국민청년부에서

비치어 보입니다.

팔일오 해방활동사진은 아직 하나이오 둘도 없는 귀한 사진이오 우리로서는 한번 볼만한 사진이올시다. 이 사진을 본 국민청년부에서 얻어다가 12월 8일[일요] 하오 팔시에 국민총회관에서 무료로 비치어 보일터이오니 라성 재류 동포는 다 같이 오셔서 구경하시기를 바라나이다.

국민청년부 근계[64]

미국으로 건너간 〈해방뉴스〉 영문판이 현재 KBS 방송국에 〈격동의 기록〉이라는 이름으로 보관되어 있다. 〈해방뉴스〉가 왜 〈격동의 기록〉이라는 제목으로 보관되어 있는지에 대해서는 설명이 필요하다. 원본의 마지막에 이 영상물의 출처가 밝혀져 있다. 이를 살펴보면 미주 한인신문인 『신한민보』에서 재편집한 것을 김덕세가 소장하고 있다가 손녀인 김운하가 남가주 대학University of Southern California의 코리안 헤리티

지 도서관The Korean Heritage Library에 기증했다고 한다. 1993년 KBS에서 이 영상물을 발굴하여 국내에 들여왔고 타이틀이 없는 관계로 〈격동의 기록〉이란 이름으로 방송했다.

또한 북한에서 1948년 제작한 다큐멘터리 〈38선〉, 1949년 제작한 극영화 〈내고향〉 등에 〈해방뉴스〉의 필름이 사용된 것을 확인할 수 있다. 이 점은 〈해방뉴스〉가 북에도 전해졌음을 의미한다. 오영진의 기록에 당시 이재명, 윤상열 등이 남북을 오가며 활동한 기록이 나온다. 실제 북한에서는 1946년경까지 남한에서 유입된 미국영화가 상영되고 있었다.[65] 남북을 오가며 활동한 이들을 통해 〈해방뉴스〉가 북한에 전해진 것으로 보인다. 이렇듯 영건의 직속 제작기구인 조영에서 제작한 〈해방뉴스〉는 역사적 사건을 생생히 기록했기에 그 가치를 인정받아 조선인들이 사는 일본, 미국, 북한으로 전해져 상영되었던 것이다.

다. 조선프롤레타리아영화동맹

1945년 9월 17일, 문건중협의 설립에 참가하지 않았던 한설야韓雪野, 이기영李箕永 등이 중심이 되어 조선프롤레타리아문학동맹(이하 프로문맹)이 설립되었고, 1945년 9월 30일에 연극, 음악, 미술 등을 포함하는 조선프롤레타리아예술동맹(이하 프로예맹)으로 확대되었다.

> 조선프롤레타리아예술동맹은 지난 1935년에 일본 관헌의 야만적인 탄압으로 말미암아 해산된 이후 거의 질식상태에 빠져내려 왔었는데 이번에 과거의 동맹원들은 일치단결하여 동맹재건의 봉화를 높이

들고 일어섰다. 그동안 문학동맹, 음악동맹, 미술동맹, 연극동맹 등 각 동맹이 결성되게 되었는데 이어 여러 동맹체가 한덩어리가 되는 조직체로서 조선프롤레타리아예술동맹이 30일 종로 2정목 동회관에서 성대히 결성되었다. 선거된 위원은 다음과 같다.

議長 : 韓雪野

書記長 : 尹基鼎

協議員

文學同盟 : 李箕永 韓雪野 金斗鎔 權煥 韓曉 嚴興燮 洪九
朴世永 朴石丁 朴芽枝 尹基鼎

演劇同盟 : 羅雄 金承久 申鼓頌 朴春明 宋影 姜湖 朴昌煥 朴學
金旭 朴英鎬 尹世重

美術同盟 : 李周洪 金一影 朴振明 李春男 蔡南仁

音樂同盟 : 愼幕 李範俊 金順男 鄭鍾吉 姜長一[66]

위의 기사에서 알 수 있듯이 프로예맹의 성립은 일제강점기 카프의 전통을 잇는다는 의미를 지녔다. 그러나 해방된 지 불과 3일 만에 카프의 맹원이던 임화, 김남천, 이원조 등이 친일 문인단체인 문인보국회를 접수하고 문건중협을 창설한 바 있었다. 문건중협이 조직되어 활동하고 있는 가운데, 조선공산당 영향 하에 있는 또 다른 문예조직인 프로예맹의 탄생은 카프 해소파와 카프 비해소파의 갈등이자[67] 서울을 중심으로 한 조선공산당이 이북 지역의 문예조직은 장악하지 못하고 있음을 방증하는 것이었다.

이처럼 박헌영이 이끄는 조선공산당과 프로예맹의 관계 설정이 명확하지 않았다. 카프 해소파인 임화를 중심으로 한 문건중협이 이미 조선공산당과 밀접한 관계를 맺었기 때문에, 카프 비해소파가 주축이 된 프로예맹의 주요 인물들은 박헌영이 이끄는 조선공산당보다는 김일성이 장악한 조선공산당북조선분국을 선택하게 된다. 실제 프로예맹의 중심인물들인 한설야, 이기영은 해방 이후 북한 지역인 함흥과 철원에서 활동하며 김일성과 밀접한 관계를 맺게 되고, 한효韓曉, 안함광安含光 등은 통합을 앞두고 월북했다.

⊙ 한설야

⊙ 윤기정

왜 프로예맹은 문건중협을 무시하고 독자적인 조직을 꾸리게 되었을까? 조선공산당은 현 단계를 박헌영이 8월 테제에서 언급한 부르주아 민주주의 혁명 단계로 보았다. 이들의 목적이 무산계급을 중심으로 한 지식인, 소자본가, 농민 등의 연대였던 만큼 문건중협의 각 건설본부는 큰 흠이 없는 사람은 다 받아들였다. 문건중협 산하의 영건도 창설시 회원 심사가 없었고 가급적이면 모든 영화인이 참여하기를 바랐다. 이러다 보니 노선도 지향하는 바도 불분명해 보였다.[68] 여기에 카프를 끝까지 지키고자 했던 강경파인 이들 카프 비해소파는 일제강점기의 카프를 재건함으로써 노선의 선명성을 부각시키고자 한 것이다.

영화계가 조영을 중심으로 통합된 상태로 해방을 맞았고 이들이 영건을 건설함으로써 프로예맹 설립 당시 프로영맹은 아직 준비 중일 수밖에 없었다. 먼저 조직된 프롤레타리아연극동맹의 맹원 대부분이 영화와 관련 있는 인물이었지만 일제 말기 조영으로 영화계가 통합된 후에는 연극계에서만 활동한 인물들이었기에 이들 주도로 영화 관련 조직이 결성될 수는 없었다.

프로영맹의 조직에는 영건의 설립을 무시한 바 있는 카프 영화부 출신 추민과 조영 조수 출신 소장영화인들이 앞장섰다.[69] 프로예맹이 프롤레타리아 예술운동을 전개하기 위해 "이데올로기 계급성에 입각하여 세계관이 같고 이데올로기가 같은 양심적 계급 예술가들의 주체적 기본조직으로 진보적 예술가를 포섭해야만 한다"[70]고 했기에 프로영맹 역시 노선을 선명하게 하기 위해 기성 영화인들을 배제한 것이다.

이는 실제 활동에서 문제를 야기했다. 영건이 기성 영화인들과 직속 운영조직인 조영의 기재를 이용하여 영화 활동을 할 수 있었던 것에 비해 프로영맹의 영화인들은 영화제작을 할 능력이 없었다. 그렇기 때문에 프로영맹을 조직하면서 급선무는 직속 영화촬영조직의 설립이었다. 프로영맹에서는 설립을 전후하여 직속 제작조직인 서울키노를 조직했다. 서울키노는 일제강점기 카프 영화부의 영화제작조직의 명칭으로 프로영맹에서는 카프의 전통을 잇는다는 뜻에서 그렇게 이름 지은 것이다. 서울키노는 변변한 기재도 없이 열악한 환경에서 〈경방〉의 제작에 착수했다. 영건에서 제작한 〈해방뉴스〉가 35밀리 유성영화였던 것에 비해, 〈경방〉은 16밀리 무성영화로, 제작이 완성됐는지조차 분명치 않다.

1945년 11월 5일, 혜화동에 있는 조영 사장 사택에서 프로영맹의 결성대회가 열렸고 집행위원이 결정되었다. 다음의 기사는 프로영맹의 설립을 기록하고 있다.

> 푸로레타리아 映畵人들의 總意로 朝鮮푸로映畵同盟이 結成되리라는데 大會는 五日 午後 一時 서울 惠化町(舊 朝映社長家)에서 開催키로 되엿다는 바 該盟 會員의 參席을 바란다 한다.[71]

> 朝鮮푸로레타리아 映畵同盟 結成大會는 지난 五日 午後 三時부터 서울 惠化町 同 準備事務所에서 開催하엿다는 바 決定된 執行委員은 아래와 갓다.
>
> 委員長 秋民
>
> 書記長 鄭準采
>
> 委員 洪顯東, 金回基,[72] 許達, 李炳逸, 閔政植, 李基星, 洪弼善, 林連素,[73] 林學洙, 李賢, 金基鎬, 尹在英, 金漢, 金傑, 崔順興, 崔承麟, 李秀根, 金興壽[74] [75]

위의 내용으로 보았을 때 아마 11월 3일에 준비회의가 있었고 그 회의에서 5일에 결성대회를 열기로 결정한 것으로 보인다. 그리고 11월 5일 오후 3시부터 결성대회가 치러진 것을 알 수 있다.[76]

당일 결정된 프로영맹의 집행위원 명단은 《예술운동》과 『중앙신문』이 서로 차이를 보인다. 《예술운동》에는 "중앙집행위원장 秋民, 서기장 鄭準樂,[77] 중앙집행위원으로 秋民, 金炯基,[78] 羅雄, 洪顯重,[79] 姜湖, 李炳逸, 許達, 閔政植, 鄭準樂, 英基星,[80] 洪弼善, 林連壽, 朴學守,[81] 李賢, 金基鎬, 尹在英, 石一良, 成白守, 金承久, 崔順興, 崔承麟, 李秀

◉ 추민

根, 金興萬, 吳雄鐸, 金傑"로 기록되어 있다. 두 기록을 비교해 보면 양쪽 모두 오식된 부분을 찾을 수 있다.《예술운동》의 기록을 따른 기존의 연구들은 수정될 필요가 있다. 당일 선출된 임원을 비교적 정확히 기록하고 있는 『중앙신문』을 토대로 정확한 명단을 작성하면 아래와 같다.

委員長 秋民

書記長 鄭準采

委員 洪顯東, 金囧基, 許達, 李炳逸, 閔政植, 李基星, 洪弼善, 林連壽, 林學洙, 李賢, 金基鎬, 尹在英, 金漢, 金傑, 崔順興, 崔承麟, 李秀根, 金興萬

『중앙신문』과《예술운동》의 기록에 오기가 많은 것은 위의 인물들이 영화계에서 그리 잘 알려지지 않은 인물이었기 때문이다.

두 기록을 비교하면『중앙신문』의 기록에는 보이지 않는 새로운 인물들이《예술운동》에 포함되어 있는 것을 알 수 있다. 이 차이는 명단 작성 시점에 따라서 생긴 것일 수 있으나, 프로예맹의 기관지로서《예술운동》이 프로영맹의 명단을 보다 유력한 인물들로 채워 넣기 위해 의도적으로 오기했을 가능성도 있다.

앞서 언급했듯이 프로영맹에서는 기성 영화인을 배척했으며 프로영맹이 불과 1개월 정도 존속했기 때문에 그 사이 집행부의 추가나 교체가 있었을지는 의문이다. 더욱이《예술운동》의 명단에 추가된 인물들은 일제강점기 카프 영화부 소속이었거나 카프맹원, 사계의 유명인인 나웅羅雄, 강호, 석일량石一良, 성백수成白守, 김승구金承久 등이다. 이들은 후일 영화동맹에서의 활동이 없었다. 또한 프로영맹의 맹원으로 이명우, 유장산柳長山, 김성춘 등 조영 출신 촬영, 기술 스탭들의 이름이 보인다. 이들의 프로영맹 가입은 좌익영화인인 최순흥崔順興이 이명우의 처남이었던 점으로 보아 프로영맹의 이념과 노선에 상관없이 이름을 올렸을 가능성도 있다. 특히 영건의 실질적인 주도자였던 이재명과 조영의 촬영, 기술 스탭의 관계가 오래전부터 좋지 않았던 점으로 미루어 이들이 영건에서 나와 프로영맹에 참여하려 했다는 추정도 설득력이 있다.[82)]

그러나 이것 역시 카프 출신 유명인들을 중앙집행위원으로 올렸던 것과 마찬가지로 영건을 탈퇴한 영화계 주요 인사들을 맹원으로 명부에 넣어 세과시를 하려했던 프로예맹 집행부의 의도적인 오기일 수도 있다. 실제로 유장산은 프로영맹에서 가입을 권유했지만 들어가지 않았다고 한다.[83)] 해방기 좌, 우익간의 세과시를 위해 유력 인사를 본인의 의사와 상관없이 고위직에 추대하는 일이 종종 있었다. 미군정이 국립극장장으로 내정한 서항석이 미군정의 지시로 우익 조직인 중앙문화협회를 탈퇴하자 본인의 의사와는 상관없이 좌익 조직인 연극동맹에서 이사장으로 추대하고 끌어들이려 했던 일은 대표적 예이다.[84)]

영건이 조영의 시설과 기재를 이용하여 〈해방뉴스〉를 촬영하고 상영하는 등의 실질적인 활동을 할 수 있었던 것에 비해 프로영맹은 그렇지 못했다. 서울키노에는 변변한 기재가 없었기 때문에 영화촬영을 위해서는 카메라를 빌려야 했다. 실제로 프로영맹의 최순흥은 유장산이 일본인에게 구입하여 가지고 있던 아이모 카메라를 영화촬영을 위해 빌렸으나 이를 가지고 월북해 버렸다.[85] 이렇듯 프로영맹은 노선의 선명성에 비해 실질적인 활동에 제약이 있었다. 프로영맹은 조선공산당이 문화예술운동조직의 통합을 추진하는 것을 계기로 1945년 12월 16일 영건과 함께 영화동맹으로 발전적 해소하게 된다.

라. 프로영맹의 영화 활동

프로영맹에서의 영화 활동은 직속 제작단체인 서울키노에서 제작 중이던 〈경방〉과 〈민족전선〉이 전부이다. 이 중, 〈경방〉은 제작이 완료됐는지 불분명하다. 〈경방〉은 경성방직 노동자들의 투쟁을, 〈민족전선〉은 민족통일전선의 여러 활동을 수록한 기록영화이다. 이 작품들은 그 상영 여부가 알려지지 않고 있다.

《예술운동》에는 프로영맹의 기관지 《영화전선》의 광고가 들어 있다. 이를 통해 〈경방〉의 시나리오는 성백수, 〈민족전선〉의 시나리오는 이기성李基星이 썼음을 알 수 있다.[86] 그 내용은 《예술운동》에 실린 또 다른 광고를 통해서 짐작할 수 있다. 〈경방〉은 16밀리 기록영화로 1권으로 되어 있으며, 프로영맹의 직속 영화제작단체인 서울키노에서 제작하고 조선영화동맹에서

⊙ 조선프롤레타리아예술동맹의 기관지 《예술운동》

제공한다. 아래는 그 내용이다.

> 京紡동무들의 果敢한 爭議를 取材하야 勤勞大衆의 참다운 要求와 그 生活을 그려 事件內幕을 여지없이 暴露하는 同時 우리들의 걸어갈 길을 一般人民에게 指向하려 한다.[87)]

〈민족전선〉은 필름 타입이 16밀리인지 35밀리인지 나와 있지 않다. 이를 통해 광고가 실릴 시점을 기준으로 〈경방〉은 제작 중이었고 〈민족전선〉은 제작 전이었음을 알 수 있다. 〈민족전선〉은 3권 정도의 분량으로 계획했으며 〈경방〉과 마찬가지로 서울키노에서 제작하고 조선영화동맹에서 제공했다. 아래는 그 내용이다.

> 三千萬 人民의 念願으로부터 ○烈化하고 있는 民族統一戰線의 諸 現像을 여러 方面으로 正視하고 온갖 角度로 收錄하여 우리 人民大衆에게 公開, 啓蒙하여 建國大業에 이바지하고자 方今 準備를 갖추고 卽時 撮影을 開始한다.[88)]

프로예맹은 프롤레타리아 계급문화 수립을 위해 조직을 꾸리고 작품 활동을 하는 데 노선의 중심을 두었다. 프로예맹 산하의 프로영맹은 상위 조직의 노선과 목표에 맞게 재료를 취재하고 제작하려 했다. 그러나 모든 시설과 자재가 조영에 있었기 때문에 실질적인 활동은 불가능했고, 과거 실습용 또는 연구용으로 사용하던 16밀리 카메라를 이용하여 영화촬영을 시도했음을 알 수 있다.

주

1) 김성보, 기광서, 이신철, 『북한 현대사』, 웅진, 2004, 18쪽.
2) 이병일, 「나의 영화편력—이병일」, 《월간영화》, 1977. 10, 11, 30쪽.
3) 高島金次, 『朝鮮映畵統制史』, 朝鮮映畵文化研究所, 昭和18年, 210쪽.
4) 「朝鮮映畵製作柱式會社 概況」, 《映畵旬報》, 1943. 7. 11, 32쪽.
5) 송낙원, 「해방 후 남북한 영화 형성기」, 『남북한영화사 비교연구』, 국학자료원, 2007, 53쪽.
6) 한국예술연구소 편, 『이영일의 한국영화사를 위한 증언록—김성춘, 복혜숙, 이구영 편』, 도서출판 소도, 2002, 57쪽.
7) 한상언, 「일제말기 통제 영화제작회사 연구」, 《영화연구》 36호, 2008, 412쪽
8) 한국예술연구소 편, 앞의 책, 57쪽.
9) 한국예술연구소 편, 『이영일의 한국영화사를 위한 증언록—성동호, 이규환, 최금동 편』, 도서출판 소도, 2002, 73쪽.
10) 『매일신보』, 1945. 9. 1.
11) 『매일신보』, 1945. 9. 1.
12) 김학성, 「나의 영화편력—김학성」, 《월간영화》, 1977. 12, 47쪽 ; 오영진, 『소군정하의 북한—하나의 증언』, 중앙문화사, 1952, 35쪽.
13) 《문화전선》, 1945. 11. 15.
14) 『매일신보』, 1945. 9. 25.
15) 해방 직후, 조영에서는 해방 전부터 보유하던 프랑스 영화 등의 배급을 통해 직원들의 월급을 줄 수 있었다. (한국예술연구소 편, 『이영일의 한국영화사를 위한 증언록—김성춘, 복혜숙, 이구영 편』, 57쪽.)
16) 『중앙신문』, 1945. 11. 5.
17) 『매일신보』, 1945. 8. 24.
18) 김석준, 『미군정 시대의 국가와 행정』, 이화여대 출판부, 1996, 351쪽, 355쪽.
19) 『자유신문』, 1945. 12. 4.
20) 『독립신보』, 1946. 6. 3.
21) 『중앙신문』, 1946. 1. 6.
22) 『동아일보』, 1946. 1. 2; 『대동신문』, 1946. 1. 2; 『자유신문』, 1946. 3. 1.
23) 1946년 1월 신문에는 김철수, 1946년 3월 이후 신문에는 민영성으로 기록되어 있다.
24) 정용욱 편, *Who's who South Korea Interim Government(1948)*, 『해방직후 정치 사회사 자료집 제3권』, 다락방, 1994, 83~84쪽.

25) 서연호, 『식민지시대의 친일극 연구』, 태학사, 1997, 70~83쪽.

26) 강호가 장치를 맡은 국민연극 경연대회의 출품작품으로는 예원좌의 〈역사〉, 황금좌의 〈개화촌〉, 고협의 〈상아탑에서〉가 있다. 위의 책, 70~83쪽.

27) 위의 책, 73쪽, 87쪽.

28) 「일제의 국책영화 기만 상영으로 모리」, 『서울신문』, 1946. 3. 4.

29) 「민족반역은 누가 했나—영화동맹, 연극동맹 편」, 《신태평양》, 1947. 8. 30.

30) 오영진, 앞의 책, 132쪽.

31) 해방기 친일 부역자에 대한 처리를 문단에서 찾아보면 영화계와 마찬가지로 친일 부역에 대한 심판이 제대로 이루어지지 않았음을 알 수 있다. 1945년 8월 17일 임화(林和), 이원조(李源朝) 등이 중심이 되어 친일단체인 조선문인보국회(朝鮮文人報國會)를 접수하고 문학건설본부 창설을 위한 모임을 원남동의 한 정육점 식당 2층에서 열었다. 이 모임에서 이태준(李泰俊)은 유진오(兪鎭午), 이무영(李無影)을 향해 "일본 놈 때도 출세를 하고 해방됐어도 또 선두에 나서려 하다니, 이럴 수가 있느냐"며 흥분하여 이들을 쫓아냈다. 문학건설본부는 회원 심사에서도 유진오, 이무영과 같은 적극적인 친일 활동을 전개한 조선문인보국회의 간부들만을 제외했다. 김윤식, 『해방공간 한국 작가의 민족문학 글쓰기론』, 서울대학교 출판부, 2006, 52~53쪽.

32) 오영진, 앞의 책, 38쪽.

33) 『매일신보』, 1945. 9. 1.

34) 위의 신문.

35) 『동아일보』, 1974. 5. 4.

36) 김남식, 『남로당 연구』, 돌베개, 1984, 17~18쪽.

37) 서광제, 「영화계」, 『1947년 예술연감』, 24쪽.

38) 『1947년판 조선연감』, 297쪽.

39) 오영진, 앞의 책, 39쪽

40) 소련군 선발대가 평양에 들어온 것은 1945년 8월 24일이다. 본진이 평양역에 진주한 것은 8월 29일이다. (「平壤進駐의 蘇聯軍入城光景」, 《(旬報)解放뉴-스》, 해방통신사, 1945. 9.)

41) 오영진, 앞의 책, 44~45쪽.

42) 기상청 기록.

43) 서광제는 1944년 9월경에 조영에서 퇴사했다.(서광제, 『북조선기행』, 청년사, 1948, 50쪽.) 그가 1945년 8월 19일 조영에 나왔을지는 의문이다.

44) 오영진, 앞의 책, 45쪽.

45) 김춘광은 본명이 김조성(金肇盛)이며 무성영화 초기부터 변사로 유명했던 인물이다. 일제 말기에는 흥행단체인 예원좌(藝苑座)를 이끌었으며, 해방 후 예원좌는 청춘극장(青

春劇場)으로 개칭되었다. 변사 시절 제자였던 윤대룡(尹大龍)이 만든 〈검사와 여선생〉의 원작자가 바로 김춘광이다.(황문평, 『삶의 발자국 1』, 2000, 246~256쪽 참조)

46) 김성춘, 이명우, 유장산(柳長山) 등 조영 소속의 기술, 촬영 부문의 영화인들은 일제 말기부터 이재명과 좋지 않은 관계에 있었다. 이재명과 조영의 조선인 영화인 사이가 틀어진 배경은 안종화의 『한국영화측면비사』를 통해 확인할 수 있다. "그 후, 어찌어찌해서 입사들은 되었지만, 아니꼬운 일인들 밑에서 허수아비 노릇을 할 수밖에 없었는데, 그 아니꼽다는 감정 속에는 일부 한인 간부에 대한 시기심도 도사리고 있었다. 과거의 업적을 참작했던 것이나, 이를 시기하는 사람이 없을 리 만무했다. 시기하는 일인들도 마찬가지였다. 재명은 워낙 지식인이었고 논리에 밝은 사람이므로 일인들에게도 머리를 굽히지 않았던 것이다. 이것을 짐작한 한국인들 중의 몇몇은 일인 과장들과 합동해서 이재명 배척 운동을 일으켰다. '이재명은 제작비를 착복했다!' 이 이상의 내막은 밝히지 않는 것이 훨씬 마음이 편하다." (안종화, 『한국영화측면비사』, 현대미학사, 1998, 284쪽.)

47) 추민(秋民). 해방 전 카프 영화부에서 활약하던 추적양(秋赤陽, 본명은 추완호秋完鎬)이다. 그는 카프가 해소하는 계기가 됐던 신건설 사건과 일본에서 강호와 함께 일본프롤레타리아영화동맹 기관지 《영화의 벗》 사건에 연루되어 옥고를 치른 카프 영화부의 대표 인물이다. 《예술운동》의 기록을 보면 프롤레타리아연극동맹 명부에는 추적양으로, 프롤레타리아미술동맹 명부에는 추민으로 기록되어 있다.

48) 『매일신보』, 1945. 9. 25.

49) 문건중협의 기관지 《건설》에는 오효(吳曉)로 기록되어 있다. 그러나 영화인 중 오효라는 인물을 찾을 수 없다. 오효(吳曉)는 조영에 근무하던 이효(異曉, 이병모李炳模)의 오식이다.

50) 《건설》 1호, 건설출판사, 1945. 11. 10.

51) 『중앙신문』, 1945. 11. 17.

52) 이효인, 「해방직후의 민족영화운동」, 『해방전후사의 인식 4』, 한길사, 1989, 467쪽.

53) 남인영, 「해방직후 영화운동에 관한 연구」, 서울대학교 석사학위 논문, 1990, 31~32쪽.

54) 조혜정, 「미군정기 영화정책에 관한 연구」, 중앙대학교 박사학위 논문, 1997, 92쪽.

55) 『한국영화자료편람』, 영화진흥공사, 1977, 33쪽.

56) 『매일신보』, 1945. 9. 25.

57) 남인영, 조혜정의 경우 《조선주보》를 인용하여 영건에서 해방뉴스 2편과 특보 2편을 제작했다고 했다.(조혜정, 앞의 논문, 93쪽.) 그러나 『중앙신문』(1945. 11. 16)에 해방뉴스 3보의 기록이 있다.

58) 《조선주보》, 1945. 11. 25.

59) 〈해방조선을 가다〉에 관한 자세한 내용은 한상언, 「다큐멘터리 〈해방조선을 가다〉 연구」, 《현대영화연구》 5호, 현대영화연구소, 2007 참조.

60) 『신조선보』, 1945. 10. 22.

61) 『중앙신문』, 1945. 11. 16.

62) 『독립신보』, 1946. 5. 17.

63) 『신한민보』, 1946. 11. 14~1947. 1. 22까지 광고.

64) 『신한민보』, 1946. 11. 28.

65) 한상언, 「북한영화의 탄생과 주인규」, 《영화연구》 37호, 한국영화학회, 2008, 396쪽.

66) 『매일신보』, 1945. 10. 1.

67) 카프 해소파, 비해소파라는 용어는 해방 직후 홍효민(洪曉民)이 최초로 사용한 것으로, 1935년 5월 21일 신건설 사건으로 카프맹원 23명이 구속되자 구속되지 않았던 임화, 김남천이 경기도 경찰부에 카프해산계를 제출한 것을 빗대어 지칭하기 시작한 것이다.(김윤식, 『해방공간의 문학사론』, 서울대학교 출판부, 1989, 34쪽.)

68) 윤기정, 「예술운동의 신전개」, 《예술운동》, 1945. 12.

69) 오영진, 앞의 책, 45쪽.

70) 윤기정, 앞의 글.

71) 『중앙신문』, 1945. 11. 4.

72) 김회기는 김경기의 오식.

73) 임연소는 임연수의 오식.

74) 김홍수는 김홍만의 오식.

75) 『중앙신문』, 1945. 11. 9.

76) 이효인, 남인영, 조혜정의 연구에서는 프로영맹의 결성일을 11월 3일로 잡고 있다. 그 근거는 《예술운동》의 기록이다. 그러나 11월 4일자와 11월 9일자 『중앙신문』의 기사를 토대로 본다면 《예술운동》의 기록에 착오가 있었음을 알 수 있다.

77) 정준채(鄭準采)의 오식. 정준채의 동생인 정추(작곡가, 카자흐스탄 거주)가 최승희의 무용극 〈사도성의 이야기〉(후에 정준채에 의해 영화화) 원본악보와 편곡총보를 2004년 8월 17일 국내에 공개하면서 밝힌 내용은 형인 정준채는 〈민족전선〉 촬영을 위해 월북한 후 다시 월남하지 않고 북한에 머물렀다고 한다. 또한 1950년 북소 친선을 그린 영화 〈친선의 노래〉를 만들어 국제기록영화상을 받았고, 1960년 이후 영화잡지 등에서 형의 이름을 본 적이 없으므로 그 이전에 숙청됐을 것이라고 한다. (『연합뉴스』, 2005. 11. 25.) 정준채에 관해서는 오영진의 기록에서도 확인할 수 있다. "共産黨에서는 越北하여 온 몇몇 映畵靑年 尹在英(後에 蘇聯留學), 鄭俊采 等을 맞아서 宣傳部內에 映畵班을 組織했다."(오영진, 앞의 책, 133쪽.)

78) 김형기는 김경기의 오식이다.

79) 홍현중은 영건의 제1과장이기도 했던 홍현동의 오식이다.

80) 이기성의 오식이다.

81) 박학수는 임학수의 오식이다.

82) 유장산의 증언에는 해방 직후, 유장산이 촬영한 뉴스 필름이 "따블이 되어"(같은 내용을 다른 조와 이중으로 찍었다는 내용인 듯) 문제가 되자 책임자였던 이명우와 함께 근신처분을 당했다. 당시 조영의 운영위원장이 이재명이었다. 화가 난 유장산과 이명우는 조영을 나와 일본인들에게 카메라를 구입하여 독자적인 활동을 도모했다고 한다. (한국예술연구소 편, 앞의 책, 296~297쪽.)

83) 한국예술연구소 편, 앞의 책, 298쪽.

84) 서항석, 「나와 국립극장 I」, 《극장예술》 통권 제2호, 유민영, 『한국 근대극장 변천사』, 태학사, 1998, 319쪽. 재인용

85) 한국예술연구소 편, 앞의 책, 298쪽.

86) 《예술운동》, 1945. 12, 30쪽.

87) 위의 잡지, 36쪽.

88) 위의 잡지, 36쪽.

제3장

좌우익의 대립과 갈등

1. 영화동맹과 좌우 분열

가. 영화동맹의 성립과 변천

1945년 11월, 그동안 통합을 거부하던 장안파 조선공산당의 일부가 재건파에 완전히 흡수됐다. 이를 계기로 조선공산당은 당의 영향하에 있는 각 부문에서 분파를 제거하고 단일한 조직으로의 통합을 추진했다. 문건중협과 프로예맹으로 나누어진 문학, 예술 부문 역시 단일화가 이루어졌다. 일제 말기 연안으로 탈출했다 돌아온 조선공산당의 김태준金台俊이 앞장서 두 조직의 통합을 주선했다. 가장 먼저 문건과 프로문맹의 통합이 있었다. 1945년 12월 3일, 임화, 이태준李泰俊, 이원조, 김기림金起林 등 문건측과 윤기정尹基鼎, 권환權煥, 한효 등 프로문맹측이 11인 합동위원회를 열어 의견 차이를 좁혔다. 6일에는 「합동에 관한 공동성명서」를 발표하고 두 조직의 통합을 결의했다.[1] 1945년 12월 14일 문건과 프로문맹이 조선문학가동맹朝鮮文學家同盟으로 통합되었고 이후 1946년 1월까지 문건중협과 프로예맹의 각 조직은 차례로 통합하여 조선문화단체총연맹朝鮮文化團體總聯盟 산하로 집결했다.

⊙ 김태준

조선공산당의 운동조직 역량 강화를 위한 문건과 프로문맹의 통합 추진을 계기로 영건과 프로영맹의 통합도 추진되었다. 1945년 12월 16일 개최된 전영화인대회에서 기존 두 조직을 발전적으로 해소하고 새로이 조선영화동맹朝鮮映畵同盟(이하 영화동맹)으로 통합하기로 했다.[2] 영화동맹은 단순히 두 조직만의 통합이 아닌 그동안 입장 차이로 어떤 조직에도 관계하지 않았던 영화인들까지 포함한 명실상부한 조선영화인 전체를 아우르는 조직이었다.

이렇게 탄생한 영화동맹은 반동영화의 배격, 진지한 민족영화의 획기적 발전과 완성을 목표로 했다. 이를 위해 일본 제국주의 잔재의 소탕, 봉건주의 잔재의 청소, 국수주의 배격, 진보적 민족영화의 제휴를 강령으로 삼았다. 『해방일보』의 영화동맹 결성 보도를 보면 당시 38도선 이북의 영화인까지 참석하여 민족반역자적 영화인의 제외, 미군정 사령관 하지의 인민공화국 부정에 대한 반대성명, 북한에서 파견되어 올 소련 문화사절에 메시지 발송 등이 결의됐음을 알 수 있다. 아래는 『해방일보』의 기사이다.

> 지난 十六日 舊 朝映 製作部에서 프로映畵同盟과 映畵建設本部와는 發展的으로 解體하는 同時 其他 映畵人까지 總網羅하여 特히 三十八度 以北 映畵人의 參加 下에 歷史的인 朝鮮映畵同盟 結成大會를 開催했는데 各界 人士의 熱烈한 祝辭가 있고 民族反逆者的映畵人의 除外 人民共和國 絶對支持 하—이 聲明에 對한 反對聲明 三十八度 以北에서 派遣되여 올 蘇聯 文化使節에의 멧세—이 發送等이 決議된 것은 자못 注目을 이끄는 바 있었다. 同 映畵同盟의 宣言綱領 及 委員選擧는 다음과 같다.
>
> (宣言)

朝鮮에 있어서 進步的 民主主義의 國家 建設을 向하여 總力을 集中하고 있는 우리 映畵同盟은 統一組織을 確立하야 一切 反動映畵를 排擊하는 同時에 眞摯한 民族映畵의 劃期的 發展과 完成을 基함.

(綱領)

一. 日本帝國主義 殘滓의 掃蕩

一. 封建主義 殘滓의 淸掃

一. 國粹主義의 排擊

一. 進步的 民族映畵의 提携

(委員)

中央執行委員長 安鍾和

副委員長 安碩柱 李圭煥

書記長 秋民

中央執行委員

安碩柱 安鍾和 李圭煥 李炳逸 李明雨 安哲永 金漢 金聖春 金冏基 秋民 尹相烈 成東鎬 朴永根 車明進 徐延翊 梁柱南 鄭準采 洪弼善 卜惠淑 李秀根 李基星 姜信雄 梁承龍 李根鎬 金基鎬 (無順)[3)]

위의 영화동맹 명단을 보면 특이한 점을 발견할 수 있다. 그동안 어느 곳에도 관여하지 않았던 안종화, 이규환, 안석영(안석주)이 대표로 선출된 반면, 이재명, 이창용, 최인규, 서광제, 방한준, 박기채, 김영화金

永華, 김정혁 등 주요 영화인들이 중앙집행위원 명단에서 빠져 있고, 대신 조감독, 촬영기술 조수 출신 인물들이 중앙집행위원에 선출된 것이 그것이다.

⊙ 안종화

⊙ 이규환

⊙ 안석영(안석주)

위원장 안종화는 윤백남, 나운규羅雲奎와 함께 한국영화의 개척자로 인정받는 사람으로, 해방 전 조선총독부에서 조선인 영화인들의 선별작업을 위해 만든 조선영화인협회 회장을 맡았다. 그러나 통제 영화회사가 발족할 당시 입사하지 못했고 해방되기까지 주로 연극계에서 활동했다. 그런 이유로 해방 직후, 조영 출신 영화인을 중심으로 영건이 만들어질 당시 영화운동을 함께하자는 많은 권유가 있었지만 전혀 관계하지 않았으며, 마찬가지로 프로영맹에도 관여하지 않았다. 특히 카프 영화인들과의 관계는 좋지 않았는데 1927년에 있었던 조선영화예술협회朝鮮映畵藝術協會 사건이 그 원인이었다. 1927년 안종화가 중심이 되어 만든 조선영화예술협회에서 신인 양성을 목적으로 연구생을 뽑아 이들을 교육하고 영화제작을 시도했다. 그런데 영화예술협회의 연구생이며 카프의 주요 인물인 윤기정이 임화, 김유영金幽影, 서광제 등을 선동하여 출자자 이우李愚가 마련해 놓은 필름과 자재를 훔쳐 〈유랑〉을 찍은 것이다. 좌익신문인 『중외일보』에 안종화 제명이라는 내용의 기사가 실리기도 했다.[4] 이

사건은 훗날 김유영, 임화가 안종화에게 사과하면서 일단락됐지만 안종화와 카프 영화인과의 앙금은 해소되지 않았음이 분명했다.

부위원장으로 선출된 이규환은 〈아리랑〉과 함께 일제강점기 한국영화의 대표작으로 꼽히는 〈임자없는 나룻배〉를 연출했다. 그는 일제에 의해 강제 통합된 조영에 입사하지 않고 평택의 비행장으로 징용을 다녀왔다. 그런 이유로 해방 후에는 일제에 부역하던 조영에는 관여하지 않으려 했고, 조영이 중심이 된 영건, 좌익영화인들 중심의 프로영맹 어느 곳에도 관계하지 않았다.

부위원장 안석영은 우익 문인들이 중심이 되어 만든 조선중앙문화협회朝鮮中央文化協會의 간부였기에 조선공산당과 관련 있는 영건, 프로영맹 어느 곳에서도 활동하지 않았다. 일제 말기에는 대표적인 친일영화 〈지원병〉을 연출했고, 조선영화제작주식회사에 입사하여 연출주임을 맡기도 했다. 해방 당시 조영 소속으로 이재명이 이끌던 조영의 운영위원회 내무대장을 맡았으나 곧 조영에서 나와 『중앙신문』 창간에 관여했다. 9월 24일 영건 창립 당시는 우익문인단체인 중앙문화협회의 간부로 있었다.

이들 비참여 영화인들이 영화동맹의 중심에 들어온 것은 생각해볼 여지가 있다. 『중앙신문』 창간과 관련해서 조영을 나왔던 안석영을 차치하고, 조영이 중심이 된 영건을 쳐다보지도 않았던 안종화, 이규환이 조선공산당과 관련 있는 영화동맹에 가입하고 중요한 위치를 차지했다는 점은 꽤 의아한 부분이다. 이들이 곧 영화동맹을 탈퇴하기는 했으나 영화동맹 설립 당시에는 해방된 조국의 영화건설에 이바지하고자 하는 마음이 있었기 때문에 영화동맹에서 중책을 맡은 것으로 보인다.

이런 '낭만적 애국심'으로 영화동맹과 조선공산당과의 관계를 인지하지 못한 채 영화동맹에 가입했고 영화계의 위상에 맞게 위원장, 부위원장의 자리를 차지한 것이다. 이들의 영화동맹 가입은 조선공산당이 8월 테제에서 언급한 것과 같은 부르주아 민주주의 혁명을 통한 부르주아 민주주의 국가를 건설하기 위한 광범위한 포섭의 일환이었다.

안종화, 이규환, 안석영을 비롯하여 광범위한 영화인을 포섭하여 가입시켰음에도 왜 최인규를 비롯한 조영의 주요 인사들이 중앙집행위원에서 빠졌으며 정준채鄭準采, 이수근李秀根, 이기성, 강신웅姜信雄 등 조영의 조수 출신들이 그 자리를 대신 차지했을까? 혹시 민족반역자적 영화인의 제외를 이유로 일제 부역에 대한 근신을 요구 받았던 것은 아니었을까?

영화동맹의 첫 번째 강령은 일본 제국주의 잔재의 소탕이다. 실제 영화동맹 결성식에 민족반역자적 영화인의 제외가 결의되었다. 영화동맹 결성 전까지 이 문제는 논의되지 않았다. 영건은 친일 영화를 만들던 조영의 주요 영화인을 중심으로 조직되었기 때문에 친일 문제에 대해 아무런 언급을 하지 않았다. 프로영맹의 맹원들은 영건의 주요 인물들처럼 적극적인 친일의 흔적은 없지만 조감독, 촬영조수, 기술조수 등으로 조영에 근무하며 친일 부역 영화를 만드는 데 일조한 전력이 있었다. 그러나 프로영맹 설립 시 이 문제 역시 논의되지 않았다.

영화동맹이 만들어지면서 조영에 관여하지 않은 사람들이나 추민을 비롯한 프로영맹의 맹원들이 영화인의 친일 부역 문제, 특히 조영에서의 친일 영화제작에 대한 처벌을 요구했을 것이다. 이는 새롭게 출발하는 조선영화를 위해 필연적으로 털고 지나가야 하는 문제였기 때문

⊙ 복혜숙

⊙ 신경균

이다. 이 문제는 조영 소속으로 친일 영화를 만드는 데 일조한 중요 인물들에 대한 근신으로 귀결되었을 가능성이 크다. 이를 증명하듯이 영화동맹이 영건과 프로영맹의 통합으로 만들어졌으나 영건을 실질적으로 이끌고 있던 이재명, 김정혁, 박기채, 서광제 등이 위의 영화동맹 중앙위원 명단에 빠져 있다. 앞서 살펴보았듯이 일제 말기 이재명은 조영의 기술과장이었고 김정혁은 선전과장, 최인규, 박기채, 서광제, 방한준 등은 조영의 대표적인 감독이었다.

영화동맹 창립 당시 이들 영화인에게는 일정 기간의 근신을 요구했고 이것으로 영화계의 친일 부역 문제는 해결을 보았을 것으로 추측된다. 그런데 안석영(연출), 이명우(촬영), 김성춘(조명), 복혜숙(연기) 등 조영 소속으로 영화제작에 참여한 인물들이 영화동맹의 중요 위치에 들어 있는 점은 여전히 의문이다.[5] 이 문제를 정확하게 설명해 주는 자료가 없어 확실한 내용은 알 수 없다. 만약 근신 처벌이 있었다면 간부급 조선인과 조영 제작 주요 영화의 연출가들이 근신 대상이었고, 연기자, 촬영 기술 스탭에게는 해당하지 않았던 것이 분명하다.

영화동맹은 1946년 1월 조직을 개편한다. 아래는 1946년 1월 20일 영화인 임시대회를 통해 개편된 영화동맹의 간부진이다.

위원장 안종화

부위원장 이창용 이재명

서기장 추민

위원 이필우 고인문 최완규 전창근 박필호 허달 한원래 이순형 신경균 최여득 방한준 윤봉춘 박기채 최인규 홍찬 김정혁 서광제 박응구 김상진 이서구 신중균 안석주 이규환 이병일 이명우 안철영 김한 김성춘 김경기[6] 추민 윤상열 성동호 차명진 양주남 복혜숙 이기성 양승용 강신웅[7]

위의 명단을 보면 1945년 12월 16일 영건과 프로영맹이 통합하여 영화동맹이 설립된 지 불과 1개월 남짓 만에 전영화인을 포함하는 명실상부한 영화인 단체가 조직되었음을 알 수 있다. 위원장은 안종화가 그대로이고 부위원장은 안석영(안석주), 이규환에서 이창용, 이재명으로 바뀌었다. 이창용은 대표적인 영화제작자로 해방 전 고려영화협회를 운영했으며 조선영화산업이 통제회사로 통합된 뒤에는 조영의 고문으로 있었던 대표적 영화 제작자였다. 당시에는 제일극장 관리인이었다. 또 다른 부위원장인 이재명은 일제강점기 대표적 프로듀서로 해방 후에는 조영의 관리인이었다. 그 외 이필우, 윤봉춘, 전창근 등 그간 어떤 단체에도 가입하지 않았던 인물들과 고인문을 비롯한 배급업자,

◉ 윤봉춘

◉ 전창근

홍찬, 김상진 등의 극장 관리인까지 포함하고 있다. 또한 1945년 12월 16일, 영화동맹 창설 당시 명단에서 볼 수 없었던 옛 조영의 대표 인물인 김정혁, 박기채, 방한준, 최인규, 서광제 등도 위원으로 들어왔다. 비로소 범영화인들의 대표 조직이 구성된 것이다.

그러나 모든 영화인을 아우르던 영화동맹은 모스크바삼상회의 결과, 신탁통치안이 쟁점화되면서 좌, 우익으로 갈라서게 된다. 애초 조선공산당도 반탁을 주장했다. 영화동맹에서도 성명을 발표하고 인력과 기계력을 총 집중하여 완전독립이 올 때까지 신탁통치 반대 투쟁을 하겠다고 주장했다.

> 조선영화동맹에서는 인력은 물론 기계력을 총 집중하여 탁치반대 운동을 전개하는 동시에 국제 공약을 이해케 하여 반드시 완전독립이 올 때까지 철석같은 단결로서 투쟁을 계속한다는 성명을 했다.[8]

그러나 소련의 설득으로 조선공산당이 찬탁으로 돌아섰고 조선공산당 영향 하의 민주주의민족전선民主主義民族戰線(이하 민전)에 소속된 영화동맹도 찬탁으로 돌아섰다.

민전은 조선공산당을 중심으로 한 정당, 사회단체의 통일 조직으로서 1946년 2월 15일 서울 종로의 YMCA에서 결성식을 열었다. 민전 결성대회에 영화동맹 대표로 안종화가 참석했다.[9] 조선공산당과 영화동맹의 관계를 간과하고 영화동맹에 가입했던 많은 우익, 중간파 영화인들은 영화동맹이 반탁에서 찬탁으로 돌아서면서 영화동맹을 탈퇴하기 시작했다. 특히 이념보다는 직능별로 행동했을 것으로 여겨지는

◉ 민주주의민족전선 결성식

촬영, 기술 스탭들의 동요는 충분히 짐작 가능하다. 촬영기사 유장산의 증언은 이를 증명한다.

> 유장산 : 그때는 추민일 거예요. 그래서 왜 우리가 이 사람들하고 저거 했냐면은 민족전선이라는 게 있잖았었습니까, 우리가 촬영을 떡 서울운동장엘 나가니까요, 민족전선이라는 것이, 그 보니까 빨갱이에요.
>
> 그게 개들은 그걸 전적으로 촬영하드군요.
>
> 이영일 : 네, 〈민전〉
>
> 유장산 : 네. 우리가 가만히 보니까, '이것은 성질이 다르구나.' 그래서 그때부터 우린 기피했죠. 기피해서 민족전선이라는 것이 빨갱이란 것을 확실히 알게 됐고.[10)]

제1회 정기 영화인대회는 미군정의 집회 허가가 나오지 않아 8월 7일로 예정되어 있던 대회가 8월 20일로 연기되어 치러졌다. 1946년 8월 20일 제1회 정기 영화인대회에서 개선된 간부진의 진용과 처음의 간부진을 비교해 보면 영화동맹을 탈퇴한 주요 인물들을 확인할 수 있다. 위원장 안종화가 탈퇴한 상태에서 임시의장을 서광제가 맡아 회의를 진행했다. 아래는 정기 영화인대회의 개최와 새롭게 선출된 간부 진용을 소개하는 신문기사이다.

> 제1회 정기 영화인대회는 지난 20일에야 당국에서 집회 허가가 나와 시내 황금정 2정목 영화동맹회관에서 다수 맹원 참집한 가운데 오후 2시 반부터 서광제씨 의장 아래 개회되었다. 작년 8·15 해방 이후 1년 동안의 간략한 경과보고가 있었고 이어서 조선문화단체총연맹을 대표한 이원조씨의 축사와 문학동맹과 연극동맹의 축사문 낭독이 있었고 미소영화인에게 보내는 메시지를 결의 작성했다.
>
> 토의사항에 들어가서 현행 영화검열제도의 철폐, 외국영화수입독점 반대 등을 결의하고 위원선거에 들어가 종내 45명의 중앙집행위원을 16명으로 축소선거하고 금후 동맹활동에 대하여 진지한 토의를 거듭한 후에 5시반경에 폐회했는데 대회진행중에 소위 정판사 위폐사건을 뉴-스 찍으러 갔던 동맹원 李根鎬씨가 군정재판의 결과 3년 중역의 언도를 받았다는 비보를 접하게 되어 일시 장내는 비분과 홍분에 쌓이게 되어 이근호씨의 즉시 무죄석방을 당국에 요구하는 건의문 작성을 결의했는데 신임 중앙집행위원은 다음과 같다.
>
> △ 中央執行委員

尹相烈, 李基成, 李炳逸, 李載明, 李創用, 許達, 成東鎬, 金漢, 朴基采, 李基換,[11] 閔政植, 獨銀麒, 姜信雄, 文藝峰, 金正革, 徐光霽

△ 書記長 秋民[12]

1946년 1월과 비교하면 위원장 안종화를 비롯하여 고인문, 최완규崔完奎, 전창근, 박필호朴弼浩, 한원래韓遠來, 이순형, 신경균申敬均, 최여득, 방한준, 윤봉춘, 최인규, 홍찬, 김상진, 이서구李瑞求, 신중균, 안석영, 이규환, 이명우, 안철영安哲永, 김성춘, 김경기金冏基, 차명진車明進, 양주남, 복혜숙 등이 빠졌고 이기환李基換, 민정식閔政植, 독은기獨銀麟, 문예봉文藝峰이 추가됐다. 또한 위원장직을 폐지했고 중앙집행위원으로 최고 의결

◉ 독은기

◉ 문예봉

◉ 서광제

집행의 협의제를 채택했다. 중앙집행위원의 수는 종래 45명에서 8월에는 16명으로 절반 이상 줄었다.

영화동맹에서는 조직개편의 이유로 "영화제작, 배급, 극장에 걸친 광범위의 조직체를 영화제작에 직접 관계하는 순전한 영화 예술가만의 조직으로 개조한다"[13]라고 했지만 실상은 불과 8개월 만에 많은 수의 영화인들이 영화동맹에서 탈퇴한 것이었다. 탈퇴한 이들 대부분이 우익영화인이라고 단정하기는 힘들다. 반탁의 입장에 있었던 중간파적인 인사들과 조직 경험이 없고 필요성을 느끼지 못했던 인물들이 대부분이었다.

우익영화인들이 떠난 영화동맹은 자연히 조영 출신의 좌익영화인들이 중심이 되었다. 신탁통치안으로 시작된 좌우익의 갈등이 조영파와 비조영파의 갈등으로 재현되었다. 조영파인 김정혁이 《영화시대》라는 잡지에 쓴 「이규환론」에서 그 갈등의 흔적을 엿볼 수 있다. 〈똘똘이의 모험〉을 만든 이규환은 비조영파의 대표자였다. 김정혁은 완곡한 표현으로 총독부의 통제 회사였던 조영에 가담하지 않고 징용을 간 이규환이 승리자이긴 하나, 중요한 점은 작품 문제라면서 해방 후 최초의 극영화인 〈똘똘이의 모험〉의 완성을 기대한다고 했다. 부드럽게 표현했지만 조영파인 김정혁이 비조영파인 이규환에 대해서 작품이 완성될 때까지 비판을 유보하고 기다리겠다는 의미로 들린다. 특히 김정혁의 글의 마지막 부분은 의미심장하다.

> 한데 끝으로 筆者의 老婆心임에 끝일지는 모르나 氏는 벌써 過去 그의 作品으로 보건데 젊은 氣風 冒險의 手法을 떠나서 老匠의 線內

에 빠지려 하는 듯한 印象을 갖게 한다. 氏여! 늘 젊으라. 아직 우리 映畵의 나이가 어리듯이 어○까지 젊으라! 젊은 시대의 젊은 지성과 함께. 8月 20日 記[14]

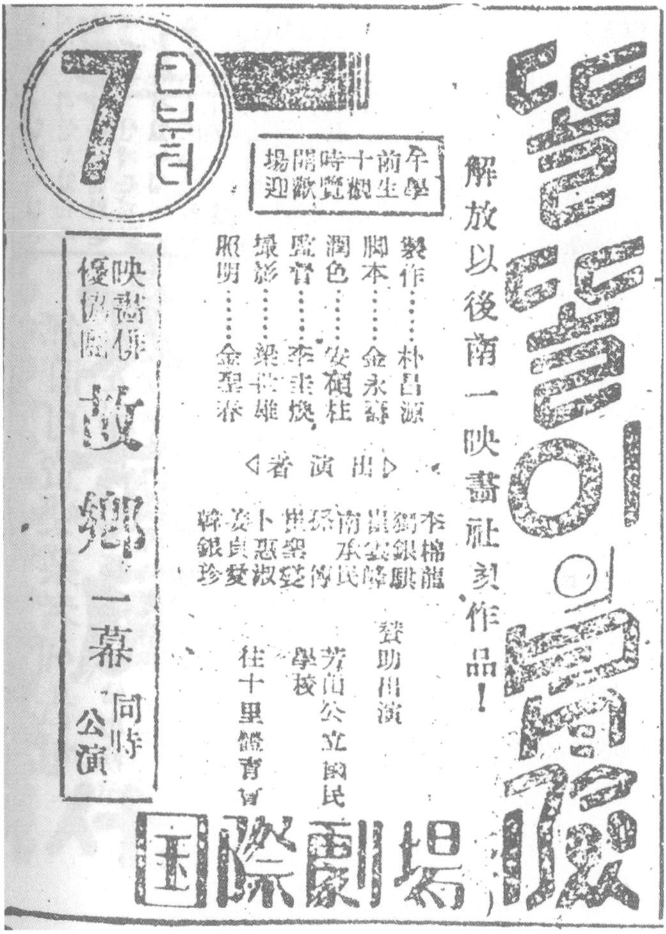

⊙ 〈똘똘이의 모험〉 신문광고

김정혁은 글의 마지막에서 그간 이규환의 영화는 젊은 기풍, 모험의 수법을 떠나 매너리즘에 빠진 늙은 장인老匠의 그것과 같은 인상이 든다고 일침을 가하고 있다. 더불어 영화동맹에서 탈퇴한 이규환에게 "젊은 시대의 젊은 지성"인 영화동맹원과 함께 같이 영화운동을 하자며 손짓하고 있다.

〈똘똘이의 모험〉이 개봉되고 나서는 부드러운 표현은 없어진다. 조영파이자 영화동맹원이었던 서광제는 처음부터 끝까지 이규환에 대한 욕으로 지면을 채우고 있다. 서광제는 "조선영화의 치욕적 존재"인 이규환을 "조선민족의 이름으로 말살"시켜야 하며 "반성을 요할 필요도 없이 영화계에서 사라지라"고 했다. 아래는 흥분이 가시지 않은 서광제의 글이다.

> (전략) 映畵의 藝術性을 모르는 이 可憐한 監督의 存在는 朝鮮映畵의 悲劇이다. 더욱이 李圭煥 監督의 作品은 解放 前에도 殘忍性이 作品마다 있었으니 도끼와 낫으로 사람을 죽이기가 일수였는데 이번 "똘똘이의 冒險"에서는 그의 殘忍性이 一層 發露되어 십여 세 밖에 안 되는 어린 소년 "똘똘이"를 倉庫 속과 白晝大路 옆에서 회초리로 壯丁 7, 8인이 死力을 다하여 無數 亂打하는 場面은 世界 어느 나라의 映畵에서도 볼 수 없을 것이며 이러한 人類社會에 있을 수 없는 暴惡殘忍性을 畵面에 내놓은 李圭煥 監督같은 자는 朝鮮映畵人의 이름뿐 아니라 朝鮮民族의 이름으로 抹殺시켜 버려야 할 것이다. 이러한 자를 朝鮮映畵監督으로 두는 한 朝鮮映畵는 恥辱的 存在 밖에 안 된다. 이 映畵는 두말할 것 없이 ○恥的 映畵다. 이 無識한 監督은 200미

> 터의 거리가 어린 少年이라도 30초면 뛸 수 있다는 것을 모르고 5천 미터나 달리는 것 같이 長時間의 커트를 消盡시키는 沒常識한 監督은 全篇의 映畵를 通하여 常識以下의 無識한 場面이 許多하다. 이러한 監督은 反省을 要할 必要도 없이 映畵界에서 사라져야 한다.[15]

1946년 5월, 정판사 위조지폐사건이 일어나고 미군정에서 사건의 배후로 조선공산당을 지목하면서 미군정의 조선공산당에 대한 탄압이 시작되었다. 조선공산당 본부가 수색당했으며, 조선공산당 기관지 『해방일보』가 무기 정간되었다. 1946년 7월, 조선공산당이 미군정에 대해 "테러는 테러, 피는 피로써 갚자"며 "정당방위의 역공세"를 주장하며 투쟁방식을 폭력투쟁 방식의 '신전술'로 바꾸었다. 이에 따라 9월 총파업, 10월 인민항쟁 등이 연이어 일어났다. 조선공산당의 폭력투쟁은 미군정으로 하여금 좌익에 대한 대대적인 탄압을 하게 하는 빌미를 제공했다. 박헌영을 비롯한 조선공산당 주요 간부들의 체포령이 내려졌다. 서울에서 활동을 할 수 없었던 박헌영은 근거지를 북한으로 옮겼다. 김일성이 박헌영을 보호하게 된 것이다. 조선공산당에서 박헌영과 김일성의 위치가 역전되었다.

좌익에 대한 광범위한 탄압은 문화예술인들까지 해당됐다. 미군정의 좌익 탄압을 피해 영화동맹 서기장 추민이 월북했다. 위원장제를 폐지한 영화동맹에서 서기장은 동맹의 중심이었다. 서기장 추민이 떠나간 영화동맹은 자연 위축될 수밖에 없었다.

미군정이 공산당에 대해 불법을 천명하자 1946년 11월 23일, 좌익계열의 공산당, 신민당, 인민당이 합당하여 남조선노동당(남로당)이라는 정당법에 근거한 합법적인 대중정당을 조직했다. 불법에서 합법으로 돌아선 것이다. 남로당의 조직과 발맞추어 미군정의 극심한 탄압 하에서 동맹 차원의 활동보다는 각 지부별 활동이 보다 효과적일 것이라고 판단한 영화동맹은 지부단위 중심으로 조직을 개편했다. 1946년 12월 10일 영화동맹은 중앙집행위원회를 개최하고 서울시 지부 결성을 결의했다.[16] 영화동맹의 서울시 지부 결성은 1946년 12월 24일 광희동 조영 촬영소에서 진행됐다. 같은 날 연극동맹 또한 종로 기독교 회관에서 서울 지부를 창설했다.[17]

> 영화동맹 서울지부 결성대회는 지난 24일 오후 1시 광희동 조선영화촬영소에서 영화인 다수 참집 하에 개최를 보게 되었다. 김한씨의 사회 국기배례 묵상에 이어 이재명씨의 전조선적으로 영화활동을 개시하자는 개회사가 있었고 허달씨의 경과보고가 끝나자 축하 멧세지의 (원본 부분 파손) 문화단체총연맹의 강순재씨 남조선노동당의 ○○○씨 ○○○○가○○의 조택원씨 등의 ○○한 축사와 조선연극동맹의 축사 낭독이 있어 만장 박수○에 다음 임시 집행부 선거로 의장 윤상열씨가 선출되어 의장석에 착석, 다음 규약 초안이 채택되어 원안대로 통과되고 위원 선거에 들어가 위원장 이재명씨, 부위원장 서광제씨, 집행위원 좌기의 제씨가 선출되었다.
>
> 이기성, 김소영, 박루월, 윤용규, 이숙, 최금동, 이용민, 최운봉, 이수근, 이학전, 남승민, 홍순학, 임연수, 남홍일, 김기호, 정원○, 이보창, 이○세, 이영준, 이현
>
> 다음 토의사항으로 들어가

一. 영화 대중화에 관한 건

一. 시지부 재정 문제에 관한 건

一. 시지부 사업에 관한 건 등

활발한 질문, 토론이 교환되었으나 집행위원회에 일임하기로 하고 기타 이동영화 문제, 출판문제, 전재동포 구원금 문제 등 엄밀히 토론하여 조선영화의 운명을 ○○의 걸머진 출석자들은 건설적 의욕에 ○○한 숙애 밑에서 오후 4시 40분 무사히 폐회했다.[18)]

위의 신문기사에서처럼 영화동맹 서울 지부의 결성식에서는 임시의장으로 윤상열이 선출되어 회의를 진행했고 집행부 선거에서 위원장에 이재명, 부위원장에 서광제가 선출됐다. 또한 이기성을 포함하여 20명이 위원으로 선출됐다. 토의에서는 영화 대중화 문제, 시지부 재정문제, 시지부 사업문제 등이 논의되었다.

서울 지부에서는 1947년 중순까지 영화 대중화를 위해 영화 강좌 개최, 이동 영화반 운영, 출판활동 등을 계획했다. 그러나 제2차 미소공동위원회가 결렬되고, 남로당이 다시 폭력투쟁으로 전환하면서 남로

⊙ 최운봉

⊙ 남승민

당과 그 영향 하에 있던 영화동맹의 활동은 불법이 되었다. 영화동맹의 주요 동맹원들이 탈퇴하거나 월북했으며 일부는 무장투쟁에 가담했다. 영화동맹은 1948년 단독 정부 수립 직전까지 성명서를 발표하는 수준의 미약한 활동만 했다.

나. 그 밖의 영화인 조직

조선공산당이 찬탁으로 돌아서면서 조선공산당의 영향 하에 있던 민전의 산하 단체 영화동맹도 찬탁으로 돌아섰다. 영화동맹에 가입한 영화인 중, 반탁의 입장에 있었던 인사들이 영화동맹을 탈퇴했음은 앞에서 살펴본 바 있다. 이들은 정치적, 운동적 조직을 만드는 대신 직능별로 소규모 단체를 조직하는 데 만족했다. 그 대표적인 단체가 영화감독 구락부와 조선영화극작가협회이다.

(1) 영화감독 구락부

민전대회가 있던 즈음에 영화감독들의 사교모임인 영화감독 구락부가 준비중이었다. 영화감독이면 누구나 참석할 수 있는, 영화감독들의 친목과 민족영화의 구상을 세우기 위한 모임이었다.

> 그 동안 침묵일관으로 오직 수양만을 해온 영화감독들이 건국도정에 가장 급속히 새로 건설해야 할 영화가 제작 자료입수의 곤란과 정계의 동향에 따르는 모든 어려운 문제를 앞에 놓고 영화감독들의 침목과 새로운 민족영화의 구상을 세우기 위하여 이규환, 이병일, 안

석주, 김영화 제씨의 발기로 영화감독 구락부를 두기로 되였는바, 오는 16일 오후 5시 시내 영락정 신신다방에 관계자 제씨가 모이리라는데 영화감독은 누구나 참석하기를 바란다.[19]

1946년 2월 16일, 준비 모임이 있었다. 모임을 주도한 인물은 이규환, 이병일, 안석영(안석주), 김영화 등이며 이들은 당시 영화동맹의 중앙집행위원이었다. 이 모임을 토대로 1946년 3월 1일 발회식을 가졌다.

조선 영화감독의 친목과 조선영화의 발달향상을 위한 토구기관으로 영화감독 구락부를 지난 3월 1일에 조직하야 사무소를 황금정 168번지 두었는데 그 진용은 다음과 같다.

간사—안석주, 이병일, 이구영

동인—안종화, 이규환, 안석주, 윤봉춘, 이구영, 방한준, 박기채, 전창근, 이병일, 안철영, 최인규, 김영화, 서광제, 윤용규, 신경균[20]

영화감독 구락부는 안석영(안석주), 이병일, 이구영李龜永을 간사로 두고 영화감독 모두를 동인으로 하여 출발했다. 1946년 3월은 영화인들이 찬탁과 반탁으로 갈려 반탁 영화인들이 영화동맹을 탈퇴하는 시점이었다. 이를 두고 영화인들 간의 의견대립이 있었음은 충분히 짐작할 수 있다. 이를 증명하듯이 단체결성 목적으로 "각자의 사상을 존중하며 상호 친목을 위한다"라는 부분을 넣어 영화감독 구락부가 정치 논리에 빠지는 것을 경계했다. 이 때문인지 영화감독 구락부에는 좌우익의 영화감독들이 모두 모였다. 영화동맹을 탈퇴하게 되는 안석영, 이구영,

안종화, 이규환, 윤봉춘, 방한준, 전창근, 안철영, 최인규, 김영화, 신경균 등과 영화동맹을 지키는 박기채, 이병일, 서광제, 윤용규 등이 함께 동인을 이루었다.

영화감독 구락부는 기관지 발행, 영화도서의 출판, 내외영화감상회 개최, 영화를 통한 계몽사업연구회 발표, 문화 각 부문과의 협의회 개최, 외국 영화감독과의 교환 등의 사업을 해 나갈 것을 발표했다.[21] 영화감독 구락부는 운동조직이 아닌 동호회 조직으로써의 한계와 좌, 우익의 갈등 속에서 별 활동이 없다가 정부 수립 후 대한영화협의회大韓映畵協議會를 이루게 된다.

(2) 조선영화극작가협회

1946년 3월 13일 만들어진 전조선문필가협회全朝鮮文筆家協會는 조선공산당의 영향 하에 있던 조선문화단체총연맹(이하 문총)의 대척점에서 만들어진 우익 조직이었다. 그 모태는 1945년 9월 18일 만들어진 중앙문화협회이고, 이를 문학, 미술, 음악, 연극, 영화, 무용뿐만 아니라 학술, 언론, 출판 등으로 확대 개편한 조직이 전조선문필가협회였다. 전조선문필가협회의 준비위원으로 영화동맹 위원장인 안종화와 영건 위원장이었던 윤백남의 이름을 확인할 수 있다.[22] 아래의 기사는 전조선문필가협회의 설립을 기록하고 있다.

> 전국문필가협회(전조선문필가협회—인용자) 결성대회는 13일 오후 1시 25분 서울 종로 기독교 청년회관 강당에서 동 협회 취시에 찬동하는 문필가를 비롯하여 민주의원 부의장 김구선생, 임시정부 외교

부장 조소앙, 국민당 안재홍, 한국민주당 원세훈씨 등 내빈이 참석하여 의장으로 선거된 박종화씨 사회로 개최되었다.[23]

위의 기사에서 보듯이 김구, 조소앙趙素昻, 이승만 등의 우익 정치인들이 전조선문필가협회를 지원했다.[24] 문총 창설에 여운형이 참석하고 박헌영이 지원한 것과 비추어 보면 전국문필가협회가 문총과 반대편에 서 있는 조직이라는 것을 알 수 있다. 영화인으로서 전조선문필가협회의 추천회원으로 들어간 인물은 안석영, 박기채, 이규환, 전창근, 최인규, 이병일 등이다. 이 중, 박기채, 이병일의 추천회원 가입은 특이한데 이 둘은 1947년 영화동맹이 기능을 상실하고 사라질 때까지 영화동맹을 지켰던 인물들이기 때문이다. 이들은 중간파 영화인으로 분류할 수 있다. 이를 통해 해방 직후 중간파 영화인들은 이념적 색깔보다는 친소관계에 따라 움직였음을 추측해 볼 수 있다.

전조선문필가협회 회원들을 중심으로 만들어진 조직이 1946년 11월 4일 만들어진 조선영화극작가협회(이하 조영협)이다. 조영협은 시나리오 작가들의 모임체로 안석영, 전창근, 김광주金光洲, 장동명張東明, 박용덕朴容德, 안진상安鎭相, 이정호李正鎬, 조연현趙演鉉, 홍구범洪九範 등이 회원으로 있었다.[25]

조영협은 영화감독 구락부와 같은 동호회적인 조직이었다. 하지만 전조선문필가협회의 회원이 중심이 된 만큼 정치적 성격을 띠고 있었고 영화동맹에 대해 비판적 입장에 있었다.

1946년 10월 이후, 남로당이 창당과 미군정의 탄압으로 좌익이 지하로 들어가면서 추민을 비롯한 영화운동을 이끌던 인물들이 월북했고, 영화동맹은 위축되었다. 주도권을 쥐게 된 우익영화인들은 1948년, 대한영화협의회를 구성하게 된다. 조영협과 영화감독 구락부가 그 토대가 되었다.

2. 영화동맹의 활동

영화동맹에서 주장하는 국가의 모습은 진보적 민주주의 국가였다. 이를 위해 영화동맹에서는 민족영화의 발전과 완성을 그 목표로 삼았다. 조직 정비를 마치고 본격적인 활동을 시작한 영화동맹에서는 일본 제국주의 잔재의 소탕, 봉건주의 잔재의 청소, 국수주의의 배격, 진보적 민족영화의 제휴를 그 강령으로 삼아 민족영화의 발전과 완성을 위한 노력을 경주했다.

영화동맹은 민전과 문총의 산하 단체로서 그 역할을 수행했다. 3·1독립선언 기념행사와 같은 문총에서 주최하는 각종 기념행사에 문총 산하 단체로 참가했으며 민전 주최 각종 행사에 인원 동원을 위한 영화 활동을 전개했다. 또한 영화의 대중화 운동을 위한 사업으로 영화강좌, 영화감상회, 이동영사대를 운영했으며 영화예술의 발전을 위해서 배우학교, 국립극장의 설립을 준비했다. 영화산업의 진흥을 위해서는 영화 국영화론을 주장했다. 이와 같은 사업은 미군정의 통제적 영화정책과 맞닥트리게 된다. 영화동맹에서는 배우세, 악기세와 같은 시대착오적 조세정책에서부터 일제하의 영화법을 그대로 답습한 미군정의 영화정책에 대한 반대 운동을 전개했다.

이전 영화인 조직과 영화동맹의 가장 큰 차이점은 영건이나 프로영맹이 조영이나 서울키노와 같은 직속 영화제작소를 두고 뉴스영화, 기록영화 등을 제작했던 것과는 달리 영화동맹에서는 동맹 차원의 영화 제작은 이루어지지 않았다는 점이다. 그러나 조영이나 고려영화사 등을 산하 단체로 두어 이를 통할하는 식의 역할을 수행했다.[26]

이 글에서는 영화동맹의 활동을 1) 대중화 운동과 미군정의 탄압, 2) 영화 국영화론과 극장 대여 입찰, 3) 통제적 영화정책에 대한 반대, 이 세 가지 항목으로 나누어 살펴보겠다.

가. 대중화 운동과 미군정의 탄압

영화동맹의 대중화 운동은 추민의 '민주주의 민족영화론'[27]에 잘 나타나 있다. 추민의 '민주주의 민족영화론'의 핵심은 "영화가 인민과 같이 살며, 인민 속에서 친하며, 인민을 계몽하고 지향을 주는 것"을 말한다.[28]

영화동맹은 대중화 운동의 일환으로 역사적인 기념일을 맞아 영화상영회, 영화전람회와 같은 기념행사를 주최했다. 영화를 통해 대중 속으로 파고들려는 노력이었다. 대중 속으로 파고들려는 노력은 영화 강좌 개최, 영화 감상회 개최, 이동영사대 운영으로 계속됐다.

(1) 각종 기념행사

— 3·1독립선언 기념행사

문건중협과 프로예맹은 1946년 2월 24일 서울대학교 법문학부

강당에서 열린 문총 결성을 통해 발전적 해소했다. 영화동맹도 이때 문총 산하에 편입되어 문총에서 주최하는 3·1 기념행사에 참가했다. 영화동맹에서는 전시 연합국인 미국, 소련, 중국, 영국, 프랑스의 영화와 〈해방뉴스〉의 상영, 라미라의 극장쇼, 신불출의 만담을 계획했다.

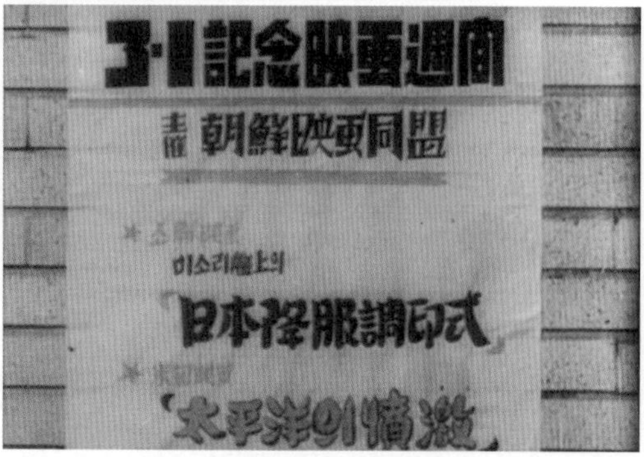

⊙ 3·1 기념 영화주간 포스터

三월 一일 독립선언기념일을 맞아 조선영화동맹에서는 미국 군정과 소련 영사관에 교섭을 진행 중, 지난번 제二차 세계대전에서 촬영한 미, 소 양국의 역사적 기록영화를 얻게 되었음으로 일반에 공개하게 되었다. 그리고 이와 함께 영국과 중국 작품에 조선영화를 겹쳐서 상영하기로 되었는데 기념상영영화는 다음과 같다.

◇ 二월 二十四일부터 五日間

소聯映畵 朝鮮語版 『미조리 艦上의 日本降伏 調印式』, 米國映畵 『太平洋의 憤激』, 中國映畵封切 『椿姬』 於 國際劇場

◇ 三월 一일부터 十日間

소聯映畵 朝鮮語版 『미조리 艦上의 日本降伏 調印式』, 소聯映畵 『勝利의 觀兵式』, 米國映畵 『太平洋의 憤激』, 羅美羅 特別出演 於 大

陸劇場

◇ 二월 十七일부터 四日間

소聯映畵 朝鮮語版『미조리 艦上의 日本降伏 調印式』, 米國映畵『太平洋의 憤激』, 英國映畵『킹 솔로몬』, 申不出 特別出演 於 第一劇場

◇ 三월 一일부터 五日間

소聯映畵 朝鮮語版『미조리 艦上의 日本降伏 調印式』, 朝鮮映畵『解放뉴-스』, 美國映畵『太平洋의 憤激』, 佛蘭西映畵『女學生 寄宿舍 騷動記』於 서울劇場[29]

위의 기사에서처럼 영화동맹에서는 2월 17일부터 3월 5일 사이 서울의 주요 극장에서 3·1 독립선언일 기념행사의 일환으로 소련 영화인 〈미조리 함상의 일본항복 조인식〉, 〈승리의 관병식〉, 미국 영화 〈태평양의 분격〉, 중국 영화 〈춘희〉, 영국 영화 〈킹 솔로몬〉, 프랑스 영화 〈여학생 기숙사 소동기〉를 상영했다. 이 중 미국과 소련의 영화는 미군정과 소련 영사관의 협조로 필름을 인계 받아 상영한 것이다. 나머지 영국, 프랑스, 중국의 영화는 연합국 국적의 영화로 구색을 맞추기 위해 선정된 작품으로 일제강점기에 이미 상영된 적이 있는, 극장이나 배급사에서 보관중인 작품이었다.

위의 3·1 독립선언기념일 기념행사는 문총 산하 단체 전부가 참가한 것으로 특히 한성극장협회의 적극적인 후원으로 이루어졌다. 한성극장협회에서는 서울 시내의 모든 극장들을 기념행사 장소로 제공했다. 기념행사 기간 중, 극장에서 영화 상영뿐만 아니라 악극, 연극 등이 동시에 상연되어 큰 성황을 이루었다.

이 당시 한성극장협회는 광고를 통해 "좌도 우도 같은 일신, 분열되면 병신된다"는 표어로 찬탁과 반탁으로 갈라지기 시작한 문화예술계의 단합을 주장했다. 아래는 한성극장협회의 광고 내용이다.

一, 三. 一의 聖典앞에 무릎을 꾸러 맹세코 빛내보자 우리의 歷史

一, 三. 一의 雲史를 銘心하여 民族統一에 이바지하자

一, 左도 右도 같은 一身 分裂되면 病身된다.

三. 一運動 본받아서 이루어라 自主獨立[30]

3·1 독립선언일 기념행사가 좌익의 선전장이 되어 버리면서 미군정의 좌익에 대한 탄압이 시작되었다. 경찰 정보과에서는 1946년 2월 7일 경기도 경찰부 명의로 관내 서장에게 통첩한 「劇團 及 興行場 取締令」에 따라 10개 조목에 해당하는 작품에 대해 극장에 임석 경관을 동원 상영중지하거나 각본의 삭제를 하는 등, 일제강점기와 같은 취체를 시작했다. 실제로 어느 극단에서는 경관이 공연장에 임석하여 내용이 사상 선전을 하는 것이라는 이유로 공연을 중지시켰고 또 다른 극단에서는 각본을 삭제당한 사건이 일어나 물의가 있었다. 당시 언론에서는 경찰의 이와 같은 취체는 "확실히 민족문화 건설을 방해하는 악법"이라고 주장했다.[31] 아래는 극단 및 흥행장 취체령의 10조목이다.

一. 國交親善을 害하는 것

二. 時事를 諷刺 公安 上 有害한 것

三. 國家 乃至 官公吏의 威信을 損害하는 것

四. 教育家, 宗教家 等 社會指導者의 人身攻擊을 骨子로 한 것

五. 道義의 背反되여 勸善懲惡의 趣旨에 反한 것

六. 偉人 古賢의 威信을 失墜시킨 것

七. 姦通 淫亂 等 劣情을 挑發시킨 것

八. 軍政反對 又는 官民 離間을 骨子로 한 것

九. 構想低劣하여 善惡의 觀念을 混亂시킨 것

十. 階級 派閥 鬪爭의 意識을 誘發 鼓吹한 것[32)]

위의 조목 중, '계급 파벌 투쟁의 의식을 유발 고취한 것'이라는 열 번째 조항은 조선공산당의 영향 하에 있던 연극동맹, 영화동맹을 비롯한 문학, 예술 단체의 반발을 샀다. 이에 대해 장택상張澤相 경찰부장은 기자회견을 통해 진화에 나섰다.

그것은 법령도 법규도 아니고 영화나 극에 있어서 우리나라 고유한 풍속을 어지러이 할 우려가 있는 것을 취체하라는 것에 불과하고 사전각본 검열 같은 것을 하도록 명령한 것도 아니다. 특히 그 지시조항 10조에 계급파벌투쟁을 유발코자 한 것이라는 것은 계원의 잘못 전달이다. 민주주의 경찰이 사상을 취체할 수는 없다. 이것은 내가 해석하여도 몰상식한 조목임으로 즉시 소관부하를 시켜 철폐하겠다.[33)]

장택상의 해명이 있은 후에도 경찰의 임석 취체는 사라지지 않았다. 특히 미군정의 좌익 탄압이 심해지면서 각본과 다른 대사를 한 배우

를 구속시키는 사건도 일어났고,[34] 심지어 검열을 허가 받은 영화에 대해서도 상영 금지와 압수가 행해졌다.[35]

미군정의 소련영화에 대한 견제는 흥행장 취체령이 문제가 되는 시점에서 시작됐다. 미군정 사령부는 3월 10일부터 5일간 영화동맹에서 주최하고 제일극장에서 열기로 한 '국외 혁명투사 유가족 위안 영화 상영회'에 상영될 예정이던 소련영화 〈윈나진주〉의 필름을 압수하고 상영을 금지시켰다. 군정장관인 러치A. L. Lerch는 외무과에 허가를 받으면 상영할 수 있다고 했지만 곧 남한 지역에서의 소련영화 상영은 일절 금지되었으며 더 이상 소련영화의 상영은 이루어지지 않았다.

3월 29일 영화동맹에서는 문총 산하단체들과 더불어 악기세, 배우세에 대한 문제로 군정장관을 면담한 자리에서 「극단 및 흥행장 취체령」은 극장예술에 대한 간섭이며 탄압이라는 의사를 전달했다.[36] 그러나 상황은 개선되지 않았다.

— 메이데이 기념행사

영화동맹에서는 5월 1일 메이데이와 5일 어린이날을 맞아 5월 5일부터 9일까지 제일극장에서 어린이들과 노동자들의 특별초대 흥행으로 메이데이 기념 만담, 음악, 영화 대회를 열었다. 아래는 기념대회의 광고이다.

⊙ 메이데이 기념행사 광고

메-데- 記念 公演

漫談 音樂 映畵大會

申不出 先生 特別招聘 出演

音樂

高麗映畵 特作 "自由萬歲"에 出演할 新進 女俳優 特別出演 音樂 大會

映畵

在日 朝鮮人聯盟 製作 朝蘇 뉴-쓰, 美國 뉴-쓰, 太平洋의 憤激

主催 朝鮮映畵同盟

5日부터

第一劇場[37]

기념대회에서는 신불출申不出이 특별 초빙되어 〈도깨비와 독립〉이라는 제목의 만담을 했다. 『한성일보』에 게재된 광고에 "大政治家의 百마듸 獅子吼 보듬 한마듸의 漫談이 엇지 그리 우리 귀에 울려올가"[38]라는 문구가 있는 것으로 보아 정치적 내용의 만담임을 알 수 있다. 음악은 〈자유만세〉의 오디션에 뽑힌 여배우들의 독창과 합창이 있었다. 영화는 재일조선인연맹在日朝鮮人聯盟에서 제작한 〈조련뉴스〉,[39] 미군정에서 제공한 〈미국뉴스〉와 기록영화 〈태평양의 분격〉, 문화영화 〈작은 악마〉가 상영됐다. 당시 광고에는 〈조련뉴스〉가 〈조소뉴스〉로 소개되었으나 〈조소뉴스〉는 〈조련뉴스〉의 오기이다.

영화동맹이 주최한 이 대회는 문총이나 민전과 같은 상위 단체와 관련 없이 이루어졌다. 대회가 열린 날짜는 메이데이 기념대회라는 명목과는 달리 메이데이가 이미 지난 5월 5일이었다. 또한 어린이날을 맞은 어린이 특별초대 흥행이라는 이름도 신불출의 만담이 어린이들이 볼 만한 것이 아니었다는 점에서 영 어색할 따름이다. 그 이유는 이 대회가 메이데이와 상관없이 고려영화협회에서 제작하는 〈자유만세〉의 홍보대회였던 것에 기인한다.

해방 後, 일본인이 운영하던 제일극장을 접수하여 관리인이 된 이창용은 1946년 일제하 고려영화협회의 직원들과 더불어 고려영화협회를 설립하고 해방 기념 작품으로 〈자유만세〉를 제작하기로 했다.

고려영화협회에서는 〈자유만세〉의 홍보를 겸해서 신인 여배우를 오디션을 통해 모집했고 모집이 끝난 후 신인 여배우들을 광고함으로써 〈자유만세〉에 대한 관심을 유발했다. 〈자유만세〉의 홍보를 위해 이창용은 자신이 관리인으로 있던 제일극장에서 신인 여배우를 소개하는 자리를 마련한 것이었다. 극장 대여 입찰 문제로 한성극장협회와 영화동맹의 관계가 냉랭한 가운데 영화동맹에서 주최하는 행사에 극장을 대여할 수 있었던 것은 바로 이창용 자신이 제일극장의 관리인이었기 때문이다. 한마디로 메이데이 기념행사는 좌익단체인 영화동맹에는 명분을, 고려영화협회에게는 〈자유만세〉의 홍보라는 실리를 얻은 대회였다.

이창용의 고려영화협회에서 어떻게 영화동맹을 움직일 수 있었는지는 고려영화협회의 회원을 살펴보면 알 수 있다. 〈자유만세〉의 광고를 보면 제작자로 방수원方洙源, 이창용, 기획 김정혁, 극무 이윤희, 각본 전창근, 연출 최인규, 촬영 이명우, 연출응원 안종화, 안석영, 윤봉춘, 이규환으로 기록되어 있다.[40] 위의 인물 중 안종화는 영화동맹의 위원장이었고 이창용, 이재명은 영화동맹의 부위원장이었다. 그 외 인물들 대부분은 1946년 1월 20일 개편된 영화동맹의 중앙집행위원이었다. 이창용은 조선영화계의 전부라 할 수 있는 이들을 움직일 수 있는 힘을 가지고 있었다.

⊙ 이창용

당시 유력한 영화기업가로 인정받고 있던 이창용은 영화계뿐만 아니라 미군정과도 원만한 관계를 구축하고 있었다. 3·1운동 기념행사 직후 있었던 "국외혁명투사유가족 위안 영화 상영회"가, 미군정의 소련영화 상영금지 결정으로 파행을 겪은 것과는 달리 별 탈 없이 흥행을 할 수 있었던 것도 이창용의 고려영화협회 행사였기 때문이었다.

— 6·10 만세운동 기념행사

3·1 독립기념행사를 성대히 치렀던 문총 산하의 영화동맹은 마찬가지로 6·10 만세운동 기념행사도 기획했다. 그러나 3개월 만에 많은 것이 바뀌었다. 우익, 중간파 영화인들이 영화동맹을 떠난 것이다. 그중 극장 대여 입찰 문제로 갈등을 빚은 한성극장협회 주요 인물들이 동맹을 떠난 것은 행사에 큰 문제를 낳았다. 한성극장협회의 극장 대여 입찰을 반대했던 영화동맹으로서는 행사장을 빌리는 데 곤란을 겪을 수밖에 없었다.

미군정이 3·1 독립기념행사 직후, 소련영화 상영을 금지했고, 중앙배급소를 통해 미국영화의 상영을 돕고 있는 상황이어서 대부분의 극장은 중앙배급소를 통해 들어오는 미국영화와 흥행에 유리한 악극단의 극장쇼가 점령하고 있었다. 해방 후 만개했던 연극 공연은 대부분의 극단이 공연할 극장을 구하지 못했기에 사실상 중단된 상태였다.

극장측과 민전 산하 각 동맹들과의 갈등으로 6·10 만세운동 기념행사에서 연극 공연을 비롯한 다채로운 프로그램을 짜는 것은 불가능했다. 또한 영화동맹이 좌익 단체였고 미군정이 자국 영화의 상영을 돕는 상황에서 미군정을 통해 필름을 구하는 등의 적극적인 협조를 기대하는 것 역시 불가능했다. 행사는 조촐할 수밖에 없었다. 아래는 『조선인민보』에 실린 6·10 만세운동 기념행사에 관한 광고이다.

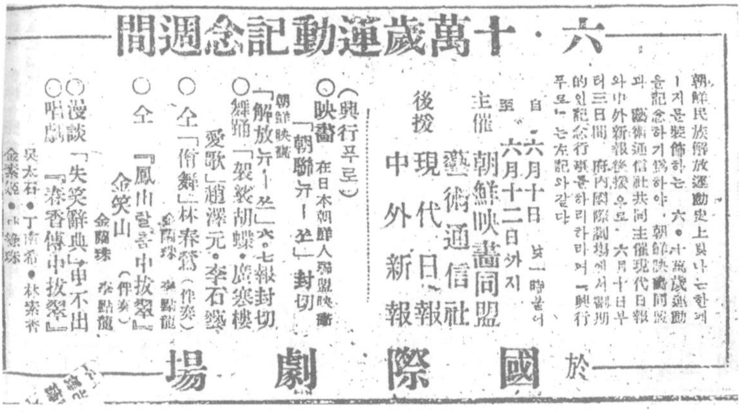

六·十萬歲運動記念週間

朝鮮民族解放運動史上 빛나는 한 페-지를 裝飾하는 六·十萬歲運動을 記念하기 爲하야 朝鮮映畵同盟과 藝術通信社 共同主催 現代日報와 中外新報 後援으로 六月十日부터 三日間 府內國際劇場에서 劃期的인 記念行事를 하리라 하며 興行프로는 左記와 같다

自 六月十日 낮一時부터
至 六月十二日까지

主催 朝鮮映畵同盟 藝術通信社
後援 現代日報 中外新報

(興行프로)
◎映畵 在日本朝鮮人聯盟映畵部 「朝聯뉴-쓰」 封切
朝鮮映畵社 「解放뉴-쓰」 六·七報 封切
◎舞踊 「殺紅胡蝶·廣寒樓」 愛歌 趙澤元·李石鶯
◎仝 「僧舞」 林春鶯 (伴奏)
◎仝 「鳳山탈춤中拔萃」 金笑山 (伴奏)
◎漫談 「失笑辭典」 申不出
◎唱劇 「春香傳中拔萃」 吳太石·丁南希·林素香

於 國際劇場

◉ 6·10 만세운동 기념행사 광고

朝鮮 民族解放運動史 上 빛나는 한 페-지를 裝飾하는 六·十 萬歲運動을 記念하기 爲하야 朝鮮映畵同盟과 藝術通信社 共同 主催 現代日報와 中外新報 後援으로 六月 十日부터 三日 間 府內 國際劇場에서 劃期的인 記念行事를 하리라 하며 興行프로는 左記와 같다.

自 六月 十日 낮 一時 부터

至 六月 十二日 까지

主催 朝鮮映畵同盟, 藝術通信社

後援 現代日報, 中外新報

(興行푸로)

映畵 : 在日 朝鮮人聯盟 映畵「朝聯뉴-쓰」, 朝鮮映畵「解放뉴-쓰」六, 七報 封切

舞踊 :「袈裟胡蝶·廣寒樓愛歌」趙澤元, 李石藝,「僧舞」朴春鶯 (伴奏) 金蘭珠 李點龍

漫談 :「失笑辭典」申不出

唱劇 :「春香傳 中 拔翠」吳太石 丁南希 林素香 金素姬 朴綠珠 於 國際劇場[41]

영화동맹의 6·10 만세운동 기념행사는 영화동맹과 김정혁이 주간하던 예술통신사가 주최했으며 좌익지인 『현대일보』, 『중외일보』가 후원했다. 장소는 국제극장이었으며 흥행 프로그램으로는 〈조련뉴스〉, 〈해방뉴스〉 6, 7보의 상영, 그 외 조택원趙澤元의 무용, 신불출의 만담, 오태석吳太石, 정남희丁南希 등의 창극 〈춘향전 중 발취〉가 준비됐다.

3·1 독립선언 기념행사와 비교해 보면 규모에서부터 큰 차이가 있었다. 3·1 독립선언 기념행사가 2월 17일부터 3월 10일까지 3주간 열렸으나 6·10 만세운동 기념행사는 단 3일에 머물고 있다. 3·1 독립선언 기념행사 당시 행사가 진행됐던 장소도 국제극장, 대륙극장, 제일극장, 서울극장으로 네 개의 극장에서 차례로 진행됐었고 나머지 다른 극장에서는 연극동맹이 주최하는 3·1 기념 연극 공연이 있었다. 반면 6·10

만세운동 기념행사의 장소는 국제극장 한 극장에 불과했다. 프로그램도 대거 축소되어 재일조선인연맹에서 제작한 〈조련뉴스〉를 포함, 영화동맹에서 제작한 〈해방뉴스〉 6, 7보에 불과했다. 그 빈자리를 무용, 만담, 창극 등으로 대신한 것이었다.

당시는 백색, 적색 테러가 난무하던 시기였다. 6·10 만세운동 기념행사는 만원사례를 이룰 정도로 성황이었는데 6월 11일, 신불출의 만담공연 도중, 우익 청년들에 의한 테러가 일어났다. 군정청에서는 즉시 공연을 취소시켰다. 1946년 북한 지역을 여행하던 소련인 A. 기토비차와 B. 볼쇼프가 월북한 신불출을 만나서 직접 들은 만담의 내용은 아래와 같다.

> "두 강도 히틀러와 무솔리니는 이미 인민법정의 판결을 받았다. 그렇다면 세 번째 강도—일본 천황은 어디에 있는가? 왜 그만은 판결을 받지 않는가? 일본에 대한 관용은 일본과 일본 천황에게서 받을 빚이 많은 아시아 인민들에 대한 모욕이 아닌가."라는 것이다.
>
> 이어 신불출은 두 번째 노래를 불렀다. 주요 내용은 남조선이 건립한 이상한 질서에 관한 것이었다. 노래에서는 이 질서 속에서 사람들은 모두 공포의 나날을 보내고 있으며 지금 인민들의 머리 위에 서려는 사람들은 지난날 인민들을 괴롭히던 사람들이라고 말했다.[42]

두 외국인의 기록은 신불출에게 직접 들은 것을 글로 옮긴 것이지만 통역의 문제로 정확하게 의미 진달이 되지 않은 것 같다. 신불출 구타사건에 관하여는 황문평의 기록에 보다 자세한 내용이 있어 사건의 전망을 확인할 수 있다.

> 태극기의 四卦는 현재 모스크바 3상회담에서 결정한 四大强國, 즉 美英蘇中의 감시하에 있는 한국인데 중앙의 태극모양의 上部는 赤色이고, 下部는 紺色이다. 세월이 흘러 비바람이 불어 태극기가 물에 젖으면 자연스럽게 위에 있는 붉은 색깔이 녹아 흘러서 감색부분까지 불그스레해지는 것이 자연현상인 것처럼, 현지 38선으로 남과 북이 갈라져 있지만 차차 세월이 가면 남한도 불그스레해진다. 다시 말해 남한도 공산국가가 되는 것이 자연현상이요, 이것이 아무도 거역할 수 없는 우리 민족의 장차 운명을 예측한다고 설파했다. 객석에서는 웅성거렸고, "저 미친놈 잡아라"하는 소리와 함께 신불출을 잡아 혼쭐을 내야 한다는 소리가 높아졌다. 객석에서는 분노한 사람들이 단상으로 뛰어 올라갔다.[43]

공연 도중 신불출을 피습한 사람들은 국학전문 문과 1년생인 당시 스무 살의 강덕수, 주용건, 박창진 등이었다. 이들은 즉시 구금됐다.

6월 13일, 신불출은 폭행으로 중태에 빠져 시내 백린제외과병원에 입원 가료 중, 경찰에 의해 본정서에 구금되어 즉시 남대문서로 이감됐다. 이유는 군정청법령 제72호 32조를 위반했다는 것이다. 법령의 내용은 "인민을 경악 흥분시키는 또는 주둔군 혹은 그 명령

⊙ 신불출

하에 행동하는 자의 인격을 손상하는 유언의 철포를 금한다"는 것이었다.[44]

일명 신불출 구타사건은 만담 내용 중 태극기와 미국인을 모욕했다는 이유로 만담가 신불출, 행사의 주최측인 영화동맹 서기장 추민, 예술통신사 김정혁이 경찰에 검속되어 이 중 김정혁은 석방되고 신불출과 추민은 재판을 받기에 이르렀다.[45] 군정 재판에서 신불출은 2만 원, 추민은 1만 원의 벌금형이 언도되었고 이들은 벌금을 내고 비로소 석방되었다.[46] 고초를 겪은 신불출은 다른 인물들보다 앞서 1946년 8월에 월북했다.

— 8·15 해방 1주년 기념행사

3·1운동 기념식과 마찬가지로 해방 1주년 기념식 또한 좌, 우익의 의견 차이 끝에 각기 치르게 되었다. 미군정과 함께 거행한 우익측의 8·15 세계평화 및 해방기념식은 군정청 광장에서 군정장관 러치를 비롯하여 이승만, 김구 등이 참석한 가운데 열렸다. 민전이 주최한 좌익 진영의 기념식은 서울운동장에서 거행되었다.[47]

문총에서 기획한 연맹 차원의 기념행사는 『독립신보』 후원으로 열린 〈문화 대 전람회〉였다. 동아백화점 4층에서 열린 전람회에는 문총 산하 24개 단체가 참여하여 문학, 영화, 연극, 음악, 의학, 국악, 미술, 체육 등 각 부문이 일제하 "야만적 왜노 하에 어떻게 숨 쉬어 왔으며 8·15 이후 왜색과 봉건적 잔재와 어떻게 싸우며 민주주의 민족문화를 건설해 왔는가"[48]에 관한 전시였다.

문화 대 전람회에서 영화동맹은 영화제작과정표, 조선영화일람표, 조선영화연대표, 영화동맹조직활동일람표, 세계영화사정소개, 포스

⊙ 해방 1주년 기념 행진

터, 영화기술기재, 사진세트 모형 등을 출품했다. 동 전람회는 개전한 지 불과 4일 만에 2만 명이 넘는 성황을 이뤘다.[49]

영화동맹은 〈문화 대 전람회〉 참가 외에 영화상영회도 기획했다. 8·15 기념행사가 좌, 우익의 의견 차이로 각기 다른 장소에서 거행된 것과는 달리 영화동맹의 8·15 기념행사 중 일부는 군정청의 후원으로 열리게 됐다. 6·10 만세운동 기념행사에서 신불출 구타사건으로 만담가 신불출, 영화동맹 서기장 추민, 예술통신사 김정혁이 검속된 사건이 있었던 만큼 군정청의 후원은 영화동맹으로서는 만일의 사태를 대비하는 의미도 포함했을 것으로 보인다.

영화동맹의 8·15 기념행사 관련 광고를 보면, 기념행사는 중앙극장, 제일극장, 국도극장에서 개최되었다. 극장별 프로그램을 살펴보면 중앙극장에서는 14일부터 18일까지 연극 작품으로 이서구 작, 김춘광 연출, 극단 청춘극장의 〈서광삼천리〉와 기록영화 〈해방뉴스〉 1~9보까지가 상영되었다. 국도극장에서는 15일부터 21일까지 극단 낙랑극회 제작, 김사량 작, 이서향 연출의 〈봇똘이의 군복〉과 서울관현악단의 음악연주, 조영의 〈제주도〉, 〈신라의 고분〉, 〈해방뉴스〉 등이 상영되었다. 제일극장에서는 14일부터 19일까지 〈해방뉴스〉 7~9보와 영화 〈청춘난무〉가 상영되었다.

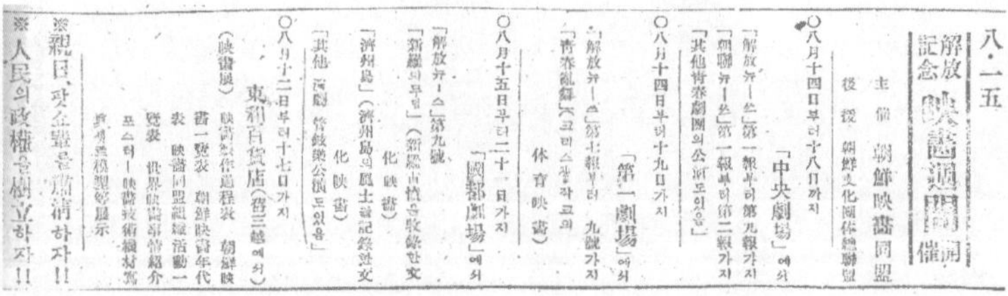

◉ 해방 기념 영화주간 광고

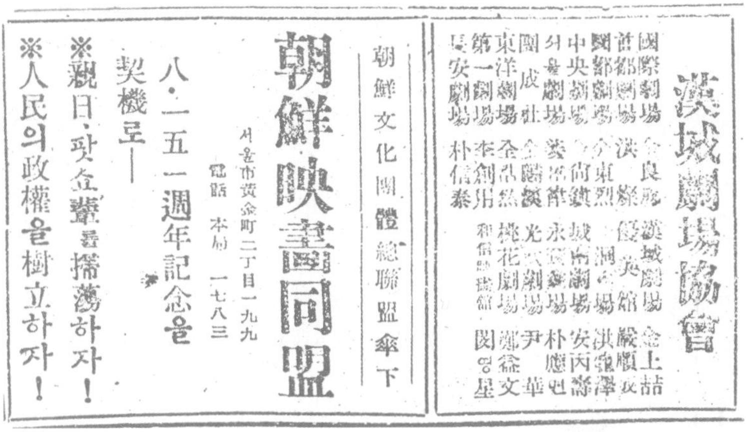

⊙ 영화동맹과 한성극장협회의 해방 1주년 기념 광고

반면 한성극장협회 회장인 홍찬이 운영하는 수도극장에서는 8·15 1주년 기념 특별 프로그램으로 극단 토월회와 삼천리의 합동 공연과 미국영화 〈아브라함 링컨〉이 편성되었다. 극장 대여 입찰 문제로 한성극장협회와 마찰을 빚은 영화동맹, 연극동맹이 주최하는 프로그램은 군정청이 후원하는 중앙극장의 공연과 국도극장의 공연 등으로 제한하고 협회의 다른 극장에서는 우익측의 연극, 악극 공연과 미국영화의 상영을 통해 영화동맹, 연극동맹의 대관을 거부했다. 8·15 기념식뿐만 아니라 극장 공연 또한 좌, 우로 나뉜 것이다.

(2) 대중화 운동

— 영화강좌, 영화상영회 개최

영화동맹의 영화강좌와 영화상영회는 동맹에서 할 수 있는 가장 손쉬운 대중화 운동이었다. 1회 영화강좌는 1946년 6월 3일부터 8일까지 열렸다.

6월 3일부터 8일까지 닷새[50] 동안 매일 오후 한시부터 동 세시까지 사이에 서울 남대문통 2정목 조선영화동맹에서 제1회 영화강좌를 개최하기로 되었는데 강사와 연제는 다음과 같으며 영화인은 물론 일반의 청강을 환영한다고 한다.

△민주주의 해설 김영건 △영화개론 추민 △영화사 김정혁 △영화정책론 이근호 △영화공업론 이창용 △영화제작론 이재명 △영화연출론 안철영 △영화각본론 전창근 △영화기술론 이용민 △영화미술론 윤상열 △영화연기론 김한 △영화음악론 박영근[51]

위의 기사를 통해 1회 영화강좌의 모습을 짐작해 볼 수 있다. 이 영화강좌는 영화인의 교양을 향상시키기 위해 개설된 것으로 일반인의 청강도 가능했다. 과목과 강사진은 민주주의 해설 김영건金永鍵, 영화개론 추민, 영화사 김정혁, 영화정책론 이근호, 영화공업론 이창용, 영화제작론 이재명, 영화연출론 안철영, 영화각본론 전창근, 영화기술론 이용민, 영화미술론 윤상열, 영화연기론 김한, 영화음악론 박영근朴榮根으로 강사진은 당시 해당 분야 최고의 전문가로 인정받는 사람들이었다.

특기한 점은 영화연출론의 안철영, 영화각본론의 전창근이 강사로 나온 점이다. 전창근, 안철영은 1946년 8월, 영화동맹 조직개편 시 이름이 빠져 있어 영화동맹에서 탈퇴했음을 알 수 있다. 이들이 언제 영화동맹을 탈퇴했는지는 확실치 않지만 영화동맹을 집단으로 탈퇴하는 식으로 조직적 행동을 한 것이 아니라 영화동맹이 주최하는 행사나 활동에 참여하지 않으면서 조금씩 거리를 두는 방식을 취했던 것이다. 이는 영화가 한 개인에 의해서 만들어지는 것이 아니며, 이들 영화인들은 조선영화계에서 오랫동안 얼굴을 마주한 사람들이기 때문에 좌익, 우익이라는 이념보다는 친소관계, 인간관계가 중요하게 작용했던 것 같다. 실제로 고려영화사에서 제작한 〈자유만세〉의 제작진을 보면 이창용, 이재명, 김정혁, 최인규, 전창근 등 영화동맹의 주요 맹원과 중도에 탈퇴한 인물들이 함께하고 있으며 군정청 예술과장이었던 안철영은 영화동맹의 중요 인물이었던 이재명과 함께 조선영화사[52]를 창립했다.

⊙ 안철영

조선공산당은 폭력투쟁으로 미군정에 의해 공산당 활동이 불법화되자 대중정당인 남로당을 조직하고 다시 합법투쟁으로 돌아섰다. 남로당의 결성을 계기로 영화동맹의 조직도 동맹 중심에서 각 지역 지부 중심으로 바뀌었다.

영화동맹의 활동이 지부 단위로 바뀌면서 영화동맹에서 개최하던 영화강좌는 영화동맹 서울지부와 동맹 산하 단체에서 개최하는 식으로 바뀐다. 1947년 개최된 영화강좌는 영화동맹과 관계를 맺고 있던 영사기술협회와 영화예술연구회, 영화동맹 서울지부가 주최했다. 인적 구성으로 보았을 때 영사기술협회와 영화예술연구회는 영화동맹원을 중심으로 만들어진 영화동맹의 산하 단체로 추정된다. 영화동맹의 후원으로 영사기술강좌를 개설했으나 남로당과 관련 있는 것으로 알려진 영화동맹의 이름이 빠짐으로써 좌익편에 있는 사람들뿐 아니라 우익편에 있는 사람들까지도 참여할 수 있는 여지를 만들었다.

조선영사기술협회와 영화예술연구회 공동 주최인 영사기술강좌가 개최되리라함은 기보한 바이거니와 그 동안 교섭 중이던 강사와 기일, 장소 등에 관한 문제가 다음과 같이 결정되었다 한다. 즉 기일은 1월 27일부터 2월 5일, 2월 27일부터 3월 8일, 3월 27일부터 4월 5일까지 개강 장소는 서울 국립도서관이며 신청하기를 바란다고 한다. 그리고 후원은 본사와 조선영화동맹이며 과목과 강사진은 다음과 같다고 한다.

△전기학, 녹음학 최칠복 △전기학, 영사학 이종관 △영사학 황낙희 △영화총론 서광제 △영화감독론 이병일 △영화촬영론 이용민 △영화연기론 김한, 독은기 △영화정책론 임연수 △영화제작론 이재명 △영사장치론 이한종 △영사조종론 이기환 △영화와 현실 윤상열 △여배우와 연기론 문예봉 △영화와 문학 김남천 △영화와 연극 안영일 △영화인의 교양 안철영 △전기학, 영사학 이원세[53]

조선영사기술협회 주최의 영사기술강좌는 1947년 1월 27일~2월 5일, 2월 27일~3월 8일, 3월 27일~4월 5일, 세 차례 개설됐다. 장소는 서울 국립도서관이었고 강사진은 영화동맹의 주요 인물 그리고 문총을 실질적으로 이끌고 있던 김남천, 연극동맹의 안영일 등이 있었고 영화동맹 서울지부 위원장 이재명과 동업관계에 있었던 군정청 예술과장 안철영이 참가했다. 제1회 영사기술강좌는 미군정 예술과장 안철영의 〈영화인의 교양〉을 끝으로 성황리에 마쳤다.[54]

⊙ 안영일

이런 호응을 바탕으로 영화동맹 서울지부에서도 4월 10일부터 19일까지 국립도서관 회의실에서 제1회 시나리오 연구회를 개최했다.[55] 1947년, 남로당이 무장투쟁을 전개하면서 미군정은 좌익인사들에 대한 광범위한 체포령을 내렸다. 문총을 이끌던 임화, 김남천이 월북하여 해주인쇄소에 배치되었다. 남로당이 지하로 들어감과 동시에 서울에서 영화동맹의 활동 또한 끝을 맺었다.

영화동맹의 영화감상회는 주로 김정혁이 주도하던 예술통신사와 공동으로 개최됐다. 아래는 1946년 9월 26일부터 10월 1일까지 중앙극장에서 개최된 세계명작영화주간 관련 기사이다.

> 영화감상의 씨-즌을 맞이하여 조선영화동맹에서는 예술신문사와 공동주최로 『세계명작영화주간』을 오는 26일부터 10월 1일까지 6일간 시내 중앙극장에서 개최하리라는데 특히 이 주간을 통해 조선악극계의 명성(明星) 『희망악극단』의 특별 출연이 있다고 한다.[56]

1946년 9월 26일부터 10월 1일까지 영화동맹과 예술신문사에서 공동주최한 세계명작영화주간은 유명 문학작품을 영화로 만든, 말하자면 각색영화의 상영회였다. 당시 상영된 영화는 입센Henrik Ibsen의 희곡을 영화화한 한스 알버스Hans Albers 주연의 독일영화 〈페르귄트Peer Gynt〉(1934), 마르셀 파뇰Marcel Pagnol의 희곡을 영화화한 에밀 야닝스Emil Jannings 주연의 독일영화 〈화니Der Schwarze Walfisch〉(1934), 도스토예프스키Fyodor Mikhailovich Dostoevskii의 소설을 영화화한 아리 볼Harry Baur 주연의 프랑스 영화 〈죄와 벌Crime et châtiment〉(1935) 세 편이었다.[57]

⊙ 세계명작영화주간 개최

당시 극장에는 미국영화가 주를 이뤘는데 영화상영회에서 상영된 영화는 모두 해방 전에 수입된 영화로 미국영화가 아닌 것이 특이하다. 1947년 1월에도 26일부터 3일간 영화동맹 주최로 성남극장에서 프랑스 영화 〈거인 고렘〉, 〈애기 소동기〉의 상영회가 있었다. 마찬가지로 해방 전 수입된 영화로 미국영화가 아니다. 이처럼 영화동맹에서는 영화상영회를 통해, 1946년 중순부터 중앙배급소에서 쏟아져 들어오던 미국영화가 아닌 유럽 각국의 영화를 소개함으로써 다양한 영화감상 기회를 도모했다.[58]

— 이동영사대 운영

영화동맹의 대중화 운동은 영화강좌와 영화상영회의 개최 외에도 이동영사대 활동을 들 수 있다. 조선공산당의 정세 인식이 부르주아 민주주의 혁명이었기 때문에 문총의 예술운동은 계급성이 아닌 계몽성에 초점이 맞추어져 있었다. 문총의 계몽운동본부는 이를 실천하는 조직이었다. 계몽운동본부는 산하에 문맹퇴치대, 과학보급대를 두어 문맹퇴치, 과학보급을 했으며 이를 홍보, 선전하기 위해 이동연극대, 이동영사대를 운용했다.

영화동맹의 이동영사대는 1946년 9월 15일부터 활동을 시작하여 공장, 농장, 학교, 단체 내로 상영 활동을 전개했다.[59] 조선금융조합연합회의 농촌계몽 위안영화 지방순회에서 그 흔적을 발견할 수 있다.

> 조선금융조합연합회에서는 농촌의 계몽과 위안을 겸하여 순회영화대를 조직해가지고 남조선 각방을 순회하기로 되었는데 제1착으로 전북 일원을 순회하기로 되어 20일 출발 예정이라고 한다.[60]

1933년 만들어진 금융조합연합회는 지금의 농업협동조합(농협)의 전신이다. 금융조합연합회의 조직은 중앙의 조선금융조합연합회(농협중앙회)가 있고 그 산하에 도별 금융조합연합회(도지부), 도별 금융조합연합회 산하에 군별 금융조합연합회(군지부)로 조직되어 있었다.

위의 기사를 통해 금융조합연합회가 농촌의 금융기관으로써 거미줄처럼 조직된 지방조직을 이용하여 농촌계몽과 위안을 목적으로 순회영화대를 운영했음을 알 수 있다. 자세한 기록이 없어 영화동맹에서 순회영화대에 어떠한 지원을 했는지는 정확하게 알 수 없지만 당시 유일한 영화인 운동단체로서 순회영사에 필요한 영사기를 대여하고 인원을 파견할 수 있는 단체는 영화동맹밖에 없었으므로 인원과 장비, 보유하고 있는 영화를 대여했을 것으로 추측된다.

1946년 12월 영화동맹의 조직개편 이후, 조직의 중심이 지부 중심으로 바뀌었다. 서울지부 결성에 영화대중화에 관한 건이 정식 토의되어 이동영사위원회를 구성하고 서울을 중심으로 적극 활동을 전개할

것과 특히 학생, 직장 등의 써클과 연계해 이동영사반을 파견하여 운영할 것을 결의했다.[61]

지부 단위 중심으로 활동을 바꾼 영화동맹 이동영사반의 모습을 당시의 상황과 미루어 생각해 보면 15인 이상의 집회에서 영화 상영은 허가를 받아야 했기 때문에 학교, 직장 등의 집회에서 비공식적인 방법으로 운영됐을 것으로 추측된다. 특히, 영화동맹에 영향력을 행사하던 남로당이 영화의 선전성에 대해 잘 알고 있었고 실제로 지리산 빨치산에 영화를 포함한 문화공작대를 파견한 것으로 보아 이런 추측은 충분히 가능하다.[62]

나. 영화 국영화론과 극장 대여 입찰

영화산업의 국영화는 해방 직후부터 꾸준히 제기되어 왔다. 영화의 제작, 배급, 상영을 국가의 계획 하에 관리한다는 영화산업 국영화는 조선공산당을 비롯하여 영화제작에 종사한 영화인들이 적극 지지했던 반면 흥행업자들은 반대를 분명히 한 문제였다. 해방 직후, 이 문제가 논의된 적이 있으며 제작-배급-상영의 각기 다른 이해당사자들 간의 충돌로 갈등만 증폭되었고 이로 인해 영건의 결성이 늦어지게 되었다.

영화 국영화론은 자본주의 시장경제체제와 공산주의 계획경제체제의 대결로, 해방 직후 좌우 갈등과 같은 양상이었다. 자본주의 시장경제를 옹호하는 사람들은 영화산업의 국영화를 공산주의적 발상으로 인식했다. 실제로 국영화에 대한 관심이 전혀 없는 미군정의 지배를 받고 있는 상황에서 영화 국영화론은 무리한 주장이었다.

일제강점기, 영화인들은 조선영화의 취약성은 산업화가 덜 진행되었기 때문으로 인식했었다. 일본의 메이저 영화사를 방문했던 서광제나 일본영화계에서 활동한 경험을 가지고 있는 이병일, 박기채, 방한준 등이 조영 설립에 적극적으로 찬성한 가장 큰 이유는 영세한 몇몇의 영화사가 아니라 이를 통폐합한 큰 규모의 촬영소 설비를 갖춘 영화기업이 절실히 필요하다고 생각했기 때문이다.

해방 직후, 큰 규모의 촬영소 설립은 국가의 대대적 투자로만 가능했기 때문에 제작환경이 좋아지길 기대했던 제작에 관련된 영화인들은 적극 찬성했다. 이에 비해 외국영화의 배급업에 종사했던 배급, 흥행업자와 적산 극장을 접수한 관리인들은 영화산업이 국영화가 되면 국가에 의해 영화배급을 제한받고, 극장이 국가 소유로 되기 때문에 가장 큰 손해를 볼 사람들이었다. 아래는 영화동맹 서기장인 추민이 주장한 내용이다.

> 例를 들면 尨大한 資本을 投入시켜 産出하는 映畵가 現在 全國 壹百九十三個 劇場의 市場을 相對로는 到底히 收支가 맞지 않으니 이는 곧 日帝가 經驗한 事實이다. 따라서 映畵配給과 製作을 統轄하면서만 配給으로서의 收益으로 製作部門에 充分시키는 政策으로써 겨우 貧弱한 維持를 한 것으로도 歷歷히 證明되는 바입니다. 그러므로 到底히 民間事業에게만 맡겨서도 成立될 수 없고 또 朝鮮의 地理的 또는 人口數의 割當으로 適應한 劇場을 增設하여 民族文化 向上을 圖謀해야겠다. 外國의 映畵만으로 惑은 多大數의 外國映畵를 朝鮮市場에다 占有시킨다는 것은 朝鮮의 自立的인 映畵藝術 乃至 産業

의 發展을 自然 萎縮시킬 것이고 映畵人 全體 藝術生活 等 問題도 憂慮될 바이며 文化 經濟에 亘한 國家政策의 見地에서 自主的인 解決策이 없다든지 惑은 이러한 政策을 無視한 外國의 市場獲得을 爲한 外來的 壓力이 있다면 이는 곧 朝鮮映畵發展의 ○○ 커냥은 全面的 破滅을 招來케 될 것이다. 이러한 意味에서 映畵가 新 朝鮮民族文化에 기여하는 政策에 順應시키려면 國家的으로 施設하고 保障 育成시키지 아니하면 안 될 것이다. 그러므로 外來映畵의 企業統制와 더불어 聯合諸國의 文化的 技術的 乃至 物質的 援助가 要請된다.[63]

추민이 주장하는 영화 국영화론은, "영화제작에는 막대한 비용이 들지만 열악한 현재의 배급시설로는 막대한 비용을 들어 제작한 영화의 수지가 맞지 않고 여기에 외국영화의 무분별한 수입까지 되기 때문에 국가에서 영화정책을 세우고 제작, 배급, 상영을 통제 관리해야 한다"는 것이다. 추민이 제시한 해결책으로는 아래와 같다.

첫째, 영화배급과 제작을 통할하여 배급을 통한 수익으로 제작부문에 충분시킨다.

둘째, 조선의 지리적 또는 인구수의 할당으로 극장을 증설한다.

셋째, 외국영화 수입의 통제와 더불어 연합제국의 문화적 기술적 물질적 원조 받는다.

영화동맹 설립 당시 영화산업 국영화 문제는 신정부 수립 시까지 보류되었던 것으로 보인다. 영화동맹의 주요 인물에 영건 설립 당시 영화산업 국영화에 절대 반대 입장을 폈던 고인문을 비롯하여 이창용, 홍찬, 김상진을 비롯한 극장 관리인들이 모두 포함되어 있었다.

영화동맹을 와해시킬 수도 있는 문제인 영화 국영화론은 엉뚱하게 미군정이 적산 극장을 대여, 입찰한다고 발표하면서 불거져 나왔다.

> 경기도 재산관리과에서는 이전 일본인 소유였던 시내 일부극장을 대여 입찰하기로 되었다. 즉 학력, 경험, 경제상태가 적합한 사람은 오는 3월 30일 오후 세시까지 도 재산관리과로 지원서를 국문 영문 각 세통을 작성하여 제출하여야 되는데 자세한 것은 동 관리과에 문의하기 바란다는 바 대여 입찰 극장명은 다음과 같다.
>
> △조일좌 △명치좌 △성남극장 △도화극장 △제일극장 △신부좌 △대륙극장 △약초극장 △우미관 △영보극장[64)]

경기도 재산관리과에서 일제강점기 일본인 소유였던 10개의 적산 극장을 대여 입찰한다는 방침을 세우고 학력, 경험, 경제상태가 적합한 사람의 입찰을 받기로 했다. 이 문제는 문화예술계와 극장 관리인들의 초미의 관심사가 되었다. 문화예술계는 이 기회를 이용하여 서울 시내의 적산 극장들을 문화예술인들이 관리하기를 희망했고, 극장 관리인들은 자신들이 현재 관리하고 있는 극장을 대여 입찰을 통해 잃지 않을까 걱정했다.

문화예술인들은 극장을 예술가에게 맡기라고 건의서를 제출했고 극장 관리인들의 조직인 한성극장협회에서는 극장 대여 입찰이 악질 모리를 조장한다며 당국에 진정했다. 아래는 서로의 주장을 담은 신문기사이다.

서울 시내에 있는 전 일본인 소유 열군데 극장을 새로이 대여 입찰을 한다는 경기도 적산관리과의 발표는 각 방면에 커다란 파문을 일으키어 앞으로 조선의 극장 예술을 길러 나아갈 중요한 문화재를 순전히 상품적인 입장에서 처리를 하는 것은 조선 예술의 돋아나는 순을 꺾어 버리는 일이라고 특히 연극, 영화, 음악, 무용 등 무대예술부문으로부터 당국에 건의를 하여 한시바삐 잘못된 시책을 수정하도록 진정하기로 되었었는데 마침내 28일 연극동맹, 조선무용가일동, 영화동맹, 조선음악가협회, 가극동맹, 국악원, 문학동맹, 미술가동맹 등 여덟 단체 대표가 군정청에 건의서를 제출했다. 건의를 한 요점은 다음과 같다.

1. 극장예술의 발전을 위하여—세계의 어느 연극사를 들쳐 보더라도 극장과 극장예술의 이해를 달리하고는 발전하지 못했다는 사실을 심심히 양해하야 극장 전부를 극장예술가에게 일임할 것.

2. 극장 관리에 대하여—극장관리는 조선 현상의 비추어 보아 문화를 잘 이해하고 그 발전을 위하여 희생적으로 헌신할 수 있으며 극장 운영에 정진할 수 있는 양심적인 문화인이라야 할 것.

3. 종전 관리인에 缺腐—극장 관리인이 아무런 근거 없이 문화인으로 자처하더라도 앞날의 진정한 극장 예술의 발전을 위하여 유해한 존재라야 하겠으니 그 이유는 종전에 극장관리에 경험이 있다는 사람의 다대수는 문화면을 떠나서 진부하고 ○속한 모리적 목적과 방법을

⦿ 국제극장(구명 명치좌)

⦿ 6 · 25전쟁 당시 수도극장(구명 약초극장) ⓒ NARA

습득했기 때문이다.

4. 인선에 대한 우리들의 희망—이러한 이유로 공정한 극장 관리인을 선택하는데 있어 극장 예술가로 하여금 추천케 하고 심사 고선에 참여케 하여 주기를 바란다.[65)]

한성극장협회에서는 경기도 적산관리과에서 발표한 전일본인 소유극장 입찰대여문제에 대하여 일본인의 재산을 처리하는데 있어 당국에 함부로 새로운 대여입찰을 하면 일반의 악질 모리행동을 조장하는 결과를 가져오게 될 뿐이라고 산하 각 극장 관리인들이 당국에 진정을 했다 한다.[66)]

위의 기사를 보면 연극동맹, 조선무용가일동, 영화동맹, 조선음악가협회, 가극동맹, 국악원, 문학동맹, 미술가동맹 등 여덟 단체 대표가 3월 28일 건의서를 제출했으며, 그 건의서의 내용에는 종전 관리인들이 극장 예술의 발전에 유해한 존재이며 극장 관리에 경험이 있다는 사람의 다대수는 문화면을 떠나서 진부하고 저속한 모리적 목적과 방법을 습득했기 때문에 자격에 문제가 있으며, 극장 예술가로 하여금 추천하게 하고 심사 고선에 참여케 해 달라는 내용이었다. 극장 관리인측은 이에 대해 당국에서 함부로 새로운 대여 입찰을 하면 일반의 악질 모리 행동을 조장하는 결과만 있을 뿐이라며 사실상 대여 입찰을 하지 말라고 주장했다.

1946년 3월 말, 한성극장협회의 주요 성원들이 영화동맹에서 탈퇴했는지는 알 수 없지만 극장 대여 입찰 문제로 촉발된 예술가측과 극장 관리인측 간의 갈등은 커져만 갔다. 문총 주최로 열린 3·1 독립선언기념일에 적극적으로 협력했으며 "좌도 우도 같은 일신, 분열되면 병신된다"라는 광고를 내며 문총과 중앙문화협회로 양분된 예술가들의 좌, 우 분열을 안타까워했던 한성극장협회는 극장 대여 입찰 문제를 통해 영화동맹을 비롯한 좌익 예술단체에 대해 일종의 배신감을 느꼈을 것이다.

"극장을 극장 예술인에게"라는 슬로건은 해방 직후부터 나온 것이다.[67] 제작, 배급, 상영을 국가에서 관리하는 영화 국영화론에서 극장 관리는 배급과 상영의 핵심이었다. 미군정이 시작되고 해방기의 혼란한 틈을 이용해 극장 경영의 경험이 있거나 재력이 있는 유력 인사들이 극장의 관리인으로 들어가 지금껏 운영했다. 그렇기 때문에 미군정의 적산 극장 대여 입찰이라는 기회를 이용해 영화동맹을 비롯한 좌익 문화예술 단체에서는 극장을 극장 예술인이 관리하도록 하거나 그러지는 못하더라도 지금의 관리인을 선출하는 데 일정한 영향력을 행사하기를 원했던 것이다.

⊙ 이서향

⊙ 조택원

미군정에서는 예술인들의 이런 요구를 받아들여 이서향(연극), 조택원(무용), 추민(영화) 삼인을 심사위원으로 위촉했다.[68] 한성극장협회에서는 군정청을 비롯하여 각계에 진정을 계속했다. 예술인들과 마찬가지로 극장 입찰 심사권을 달라고 경기도지사에게 건의했다.[69]

적산 극장 대여 입찰 문제를 해결하는 예술인들과 극장협회측의 접근 방법이 달랐다. 예술인들은 신문을 통해 자신들의 주장을 전달하며 여론을 환기시키는 방법을 썼다. 반면 한성극장협회에서는 신문을 통해 자신들의 주장을 전달하기도 했지만 주로 권력자들에 대한 줄서기를 통해 문제를 해결하려 했다. 예를 들면 한성극장협회서는 수도경찰청장인 장택상을 한성극장협회의 명예회장으로 추대하여 승낙을 받아냈고 도미하는 이승만의 여비 모금에 나섰다.

> 首都警察廳長 張擇相 摠監은 지난번 漢城劇場協會 總務가 推薦한 名譽會長을 今番 正式으로 受諾했다는바 現下 劇場文化가 建國途程에 미치는바 貢獻이 큼에 비처 特히 新任 張名譽會長은 全 會員에게 一層 奔勵報國을 要請하는 訓示를 내린 바 있었다 한다.[70]

> 서울극장협회에선 과반 도미한 이승만 박사의 여비의 손금 모집에 대한 민족외교사절 후원금의 사업에 호응하야 각 극장 적당 장소에 전기의 손금 상자의 2개 이상 설치를 제시하는 공문을 발했다한다.[71]

이렇듯 극장 이권을 두고 문화예술계는 언론을 통해 극장을 예술인이 관리하도록 주장했고 극장협회는 좀 더 은밀한 방법으로 공방을 펼쳤다. 곧 해결될 것 같았던 극장 대여 입찰 문제는 지루하게 시간만 끌었다. 서광제는 이 문제에 대해 극장이 주인 없는 상태가 오래 지속되면 좋지 않으니 문화예술단체에 솔직히 일임하거나 큰 과실이 없는 한 현 극장 경영자에게 안심하고 극장 경영을 하게 하라고 주장했다.

> 劇場貸與入札문제가 생겨가지고 달수로 4개월이 ○동안에 劇場과 劇場藝術에 어떠한 現像을 가져왔는가를 冷情히 생각해 볼 시기에 이르렀다. 劇場貸與問題가 생겨가지고 제일의 異變은 現 劇場 經營者들의 劇場保存과 運營에 怠慢이다. 여기저기 椅子가 부서져 있어도 그것을 고치려 하지 않고 夏節이 되어 그러지 않아도 衛生問題가 重大視 되는 이때에 保菌 養成所와 같은 便所를 이 극장 저 극장에서 볼 수가 있다.
>
> 이 現像을 端的으로 現 劇場 經營者의 無智와 怠慢으로만 돌리기에는 너무나 嚴然한 現實이 있다. 天文學的 物價高인 오늘에 그 劇場의 將來 經營이 누구의 손에 떨어질지 모르는 이 不安한 現像에 莫大한 돈을 드려 劇場 設備를 改備한다는 것은 단지 朝鮮民族의 愛國心과 教養問題에만 돌리는 것은 36년간 朝鮮民族이 倭族에게 어떻게 經濟的으로 搾取당해왔다는 것을 理解 못하는데서 나온 것이니 (중략)
>
> 1. 文化人을 劇場經營에 當하게 한다면 이 以上 時日을 끌지 말고 文化團體에게 率直하게 一任할 것
>
> 2. 그렇지 못하다면 큰 過失이 없는 한 現 劇場經營者에게 ○○○○시켜 安心하고 劇場運營을 하게 하여 現在의 設備의 改善과 劇場運營에 良心的으로 나가게 할 것이다.[72]

경기도 적산관리처에서는 급기야 극장 대여 입찰 문제에 대해 현

⊙ 제일극장

관리인들이 현 상태로 경영을 계속하라는 결정을 내렸다.[73] 마찬가지로 서울시가 특별시로 승격하면서 극장 대여 입찰 문제는 서울시로 이관됐으나 당시 소선규 부시장도 극장 대여 입찰 문제는 아직 구체적 결정을 보지 못하고 있다고 했다.[74] 이러한 상황에서 10월을 기점으로 조선공산당이 폭력투쟁으로 나서며 영화 국영화와 적산 극장 대여 입찰의 여론을 주도하던 좌익예술인들의 활동은 제약을 받을 수밖에 없었다.

적산 극장의 소유권은 은밀한 해결을 원했던 기존의 관리인들이 획득하게 된다. 마찬가지로 극장 대여 입찰 문제로 불거졌던 영화 국영화론도 정세가 좌익에 불리하게 전개되고 이를 주장했던 추민이 북행하면서 힘을 잃었다. 영화동맹의 활동이 지부 단위로 바뀌고 얼마 있지 않아 활동을 멈추면서 영화산업 국영화도 영화동맹과 함께 소멸하게 된다.

다. 통제적 영화정책에 대한 반대

미군정의 영화에 대한 검열은 영건에서 제작한 〈해방뉴스〉에서부터 시작한다. 1945년 9월 24일, 미군정청 조선관계 보도부에서는 영건에 대하여 조선 내 각 도시와 지방에서 뉴스와 영화제작촬영에 대한 특권을 허여했다. 영건에서는 그동안 촬영해 놓았던 필름의 편집과 녹음에 착수하여 군정청의 검열을 받은 다음 일반에게 공개하게 되었다.[75] 이처럼 미군정 초기부터 신작 영화의 상영에는 검열이 필수였다.

영화동맹이 창설될 시점에 새롭게 제작되는 영화는 〈해방뉴스〉를 제외하고 없었다. 해방이 되면서 대도시에서는 극심한 물자 부족 사태가 일어났는데 생필름 또한 마찬가지였다. 뉴스영화를 찍을 필름 외에는 구하기 어려웠고 시장에서 구할 수 있는 생필름 가격은 하루에도 폭등과 폭락을 반복했다. 이러한 해방 직후의 생필름 품귀 현상으로 극영화 제작은 시간이 필요했다.

극장에서 상영되는 영화는 일제강점기 제작되거나 수입되어 이미 상영을 했던 작품들이었다. 공산주의 확산을 염려하여 3·1 독립기념일 행사를 마지막으로 소련영화의 상영을 금지시킨 미군정은 극장에서 어떤 영화들이 상영되는지 확인할 필요가 있었다. 1946년 4월 12일, 군정청법령 68호가 발포되면서 새로 수입 제작되는 영화뿐만 아니라 극장에 상영되는 모든 영화에 대한 검열이 시행됐다.

> 상연되는 모든 영화는 공개하기 전에 군정청공보부의 검열을 받아야 된다. 즉 지난 4월 12일부 군정청법령 제68호에 의하야 상연하려는 영화의 필름에 대한 토키와 해설과 국어 혹은 일어로 된 제목을 기입한 서면과 영어번역문을 부하야 상연허가신청서를 내야 된다하며 또 외국 영화수입 면허증이나 수입인정서는 외무처에서 취급하며 1945년 8월 15일 이전 혹은 이후에 합법적으로 수입한 필름도 상연하려 할때는 먼저 수입증명서를 가지고 공보부의 재검열을 받아야 된다고 함.[76]

영화인들은 일제의 침략전쟁을 미화한 〈군용열차〉가 제목만 바뀌어서 상영되는 사건이 있었기 때문에 상영 영화의 검열에 대해 공감했다. 영화인들이 원했던 것은 영화인들의 자율적인 심의기구 설립이었다.

영화인들의 바람과는 달리 군정청에서는 법령으로 검열을 명문화했다.

군정청법령 68호의 골자는 다음과 같다. 1) 경무국 검열 사무를 공보국 영화과로 이관한다. 2) 검열 대상 영화는 법령이 발포되기 이전에 제작, 수입한 영화를 포함, 상영하려는 모든 영화를 대상으로 한다. 3) 검열 수속은 영화의 제목, 해설, 대사 전부를 영문으로 번역하여 상연허가신청서와 함께 제출한다. 4) 외화 수입 업무는 외무처에서 취급한다.

영어 번역자가 부족한 상황에서 공포된 법령으로 인해 대부분의 극장에서 수속이 늦어져 극장 상영 중인 작품이 압수되는 상황이 일어났다. 영화동맹에서는 1946년 5월 3일 밤 시내 대륙원大陸園에서 문화 관련 언론계 인사를 초청해 간담회를 열고 각 방면의 의견을 들었다.[77] 영화동맹에서는 이 간담회에서 나온 의견들을 토대로 군정청에 건의문을 제출했다.

> 해방과 함께 자유로운 반전을 기도하고 온갖 노력을 집중해오고 있던 조선영화는 이번 군정청법령 제68호의 발효와 함께 경무국 검열 사무를 공보국 영화과에 이관함과 동시에 재고 영화의 대본을 영문으로 번역 제출하라는 새 제도의 실시에 따라 이것은 조선영화의 민주주의적 발전에 지장을 가져올 우려가 있음으로 조선문화단체총연맹과 조선영화동맹을 비롯한 십여 영화회사에서는 신중히 이 문제를 검토하고 대책을 강구한 결과 군정청에 대하여 다음과 같은 건의문을 제출하고 선처를 요청했다.
>
> 一. 當局으로서 映畵檢閱制度를 施行할 중요한 必然性이 있다면 映畵題目 梗槪만을 英文으로 提出케 하라.

一. 映畵檢閱期限에 餘裕를 달라.

一. 檢閱制 施行과 함께 時間的 餘裕의 否定으로 일어난 事態 卽 市內 地方에 亘한 上映興行中의 映畵押收休館에 對하여 時急 善處하라.[78]

건의문의 내용은 1) 조선영화에 한해 대사까지 영어, 일어로 번역하는 것을 영화 제목과 개요만 번역하도록 하고, 2) 영화 검열 기한에 여유를 주고, 3) 법령이 갑자기 시행되면서 검열을 받지 못한 영화에 대한 압수 사태에 선처해 달라는 것이었다. 당시 군정청법령 제68호 위반으로 필름을 압수당한 극장이 서울 시내의 12곳이며, 이 중 9곳의 극장은 공연물이 없어서 문을 닫고 있는 상태였다.[79] 영화동맹의 건의에 군정청 공보부장 뉴먼은 아래와 같이 대답했다.

이 법령은 다만 항간에 비합법적으로 돌아다니고 있는 영화를 취체하려는 것뿐이다. 이 법령에 있어서 영화대본을 영어로 번역해서 제출하라는 것이 대단히 난점이 되어있는 듯싶으나 군정부에서 그렇게 할 필요가 있으며 그렇다고 해서 그 경비를 군정부에서 부담할 수도 없는 것이므로 그 경비는 영화업자가 부담하는 수밖에 없다. 그리고 지금 이 법령에 저촉되는 조선영화는 하나도 없는데 앞으로라도 이 법령이 조선영화제작에 지장이 있다면 개정내지 폐지할 생각을 가지고 있다.[80]

뉴먼은 법령의 목적이 비합법적으로 돌아다니는 영화를 취체하려는 것으로 영화 대본의 영역 제출은 필요가 있기 때문에 그런 것이고 검열비용의 영화업자 부담 문제는 당연하다며 점령군다운 다소 고압적인 태도로 대답했다. 그리고 영화인들의 반발을 무마할 목적으로 조선 영화제작에 지장이 있다면 개정 내지 폐지한다는 유연한 모습도 보였다. 결과적으로 립서비스에 불과했던 "법령을 개정 내지 폐지할 수 있다"는 뉴먼의 대답은 이 문제에 대한 영화인들의 반발을 잠재우는 데 성공하게 된다.

1946년 10월 8일 공포된 군정청법령 제115호「영화의 허가에 관한 법령」으로 일제에 의해서 만들어진 영화법이 폐지되었다. 이 법령은 발포 즉시 영화계에 큰 파문을 일으켰다. 일제의 영화령을 폐지하고 만든 영화법이었는데 실상은 더욱 가혹했기 때문이다. 영화 상영을 위해서는 여전히 허가를 받아야 했고, 검열수수료 징수, 15인 이상 집회에서의 상영 불허 등 온통 통제적인 조목으로 가득 차 있었다. 반면 외국영화 수입에 대한 원칙과 조선영화제작에 대한 원조와 같은 시책이 빠져 있음으로 인해 영화인들의 반발은 클 수밖에 없었다. 영화동맹 서기국에서는 법령 115호에 대해 아래와 같은 발표를 했다.

> 법령 115호의 영화의 허가제는 드디어 지난 18일부터 효력을 발생하게 되었는데 이 법령은 일제시대에도 검열을 받기 전에 시사회 때는 수백 명이 모인 데서 상연하고 했는데 이번 새 법령에는 유료, 무료를 막론하고 15인 이상의 집회 석상에는 허가를 맡은 후에야 상연을 할 수 있고 홍수같이 밀려드는 외국영화에 대한 대책은 조금도 없을 뿐 아니라 조선영화발전에 오히려 저해가 된다고 조선영화동맹 서기국

에서는 다음과 같은 발표를 했다.

映畫同盟 書記局 談

本 同盟은 映畫部門에 있어서의 民主的 自由發展을 爲하여 映畫檢閱制를 根本的으로 反對하여 왔는데 今番 發表된 法令 제115호 映畫許可制는 日帝時代의 檢閱制를 撤廢한다고 하고 여전히 映畫를 許可制로 하며 더욱이 日帝政策에 있어서도 볼 수 없던 檢閱 手數料 徵收 國文 英文 ○本 必要와 15인 이상 集會에서 上映함을 不許한다는 等은 名目만의 日帝 映畫令 撤廢로 되고 其實은 더욱 苛酷한 處事이라 아니할 수 없다. 또한 洪水 같이 밀려와서 外畫輸入의 獨占的 現狀이라든 文化的 企劃에 있어서는 秋毫의 規定도 없이 이와 같은 映畫許可制를 發布 施行함에 있어서는 朝鮮映畫建設의 全面的 萎縮 乃至 沮害가 될 것은 明確한 事實일 것이다. 許可制發布에 있어서도 아무런 基準이라든지 目的이 表示되어있지 않고 最小限度의 統制 下에 整然히 ○管시킨다든지 上映될 필름의 內容 適否를 確實히 하기 爲함이라든지라는 至極히 模糊한 理由로서는 理解키 어려운 일이다. 斷然 撤廢를 要求하며 當局의 充分한 理解와 誠意 있는 措置를 要望하는 바이다.[81)]

성명서에서 영화동맹 서기국은 법령 제115호의 발포 시행은 조선영화건설에 전면적 위축 내지 저해가 될 것이 명확한 사실이기에 법령의 단연 철폐를 요구한다고 밝혔다. 이외에도 조선공산당의 영향 하에 있던 민전 산하 7개 문화단체에서는 조선이 속악한 외국영화의 시장화될

우려와 조선영화의 자유스러운 발전을 저해한다는 공동 성명서를 발표했다. 영화를 통해 문맹퇴치를 비롯한 선전 선동의 역할을 기대했던 조선공산당으로서는 15인 이상의 집회에서 상영을 금지한다는 것은 치명적인 문제였다.

> 1. 영화뿐 아니라 일체의 예술문화는 그 발표의 자유 없이는 자유로운 발전이 있을 수 없다.
>
> 2. 115호 법령은 조선정부의 명의로서 검열의 주체를 삼았는데 조선정부란 조선공위에 의하여 수립될 것이지 미군정이 일방적으로 운운함은 참칭이다. 미군정은 조선정부가 아니고 미국관청이며 따라서 조선에 점령지행정을 폈다고 하더라도 조선의 문화에 관하여서는 반미적 경향 있는 것에 한하여 제제 혹은 간섭할 수 있을 뿐이다.
>
> 3. 동 법령은 무허가 상연영화를 몰수한다고 했는데 이것은 법인 자연인을 막론하고 신성한 사유재산을 무시하는 것이다
>
> 4. 공연의 의의를 정의함에 있어 15인 이상의 집회에서의 상연이라 했음은 파시스트적 해석이다. 제작중의 시사 연구용 영화 문화단체의 내부영사 ○관 ○○○ 시사 혹은 민중계몽을 위한 소규모 상영까지를 법률로써 간섭함은 일제의 영화 취체 이상이라 할 것이다. 그러므로 미군정은 상연의 관심 범위를 500인 이상으로 할 것이다.
>
> 5. 관계서○를 제출하는 데 있어 원칙적으로는 불필요한 것이지만 대화까지를 영어로 번역하리라는 것은 일제의 그것과 서호도 다름이 없는 영화정책이다. 이상 제점으로 보아 우리는 이 법령이 일제에 봉사하던 일부 조선인악질관리의 헌책임을 지적하고 즉시 철폐를 요구

하는 바이다.

조선영화동맹, 조선연극동맹, 조선음악동맹, 조선문학가동맹, 조선법학자동맹, 조선과학자동맹, 조선미술가동맹, 조선조형예술동맹[82)]

이처럼 미 군정청법령 제115호에 대해 영화동맹을 중심으로 폐지 운동이 전개되었다. 점령군인 미군정은 별 무리 없이 현 상태를 유지하고 점령지에서 자국 이익에 충실하기만 하면 되는 것이기에 미군정의 영화정책은 조선의 영화산업과 영화예술을 발전시키는 데 전혀 관심이 없었고 조선에서 공산주의 확산 방지와 탄압에 관심을 쏟았던 것이다. 그렇기 때문에 미군정의 영화정책은 영화산업과 영화예술을 발전 진흥시키는 시책이 될 수 없었다. 물론 이미 제정된 영화법을 폐지하거나 수정할 생각도 없었다.

통제적인 영화법에 대한 폐지 운동은 좌, 우익으로 운동 역량이 분리되어 있었기 때문에 힘에 부칠 수밖에 없었다. 여기에 영화법 폐지 운동의 중심이었던 영화동맹 자체가 중앙조직을 축소하고 지부 중심으로 운영주체를 바꾸었으므로 운동 역량은 더욱 약해질 수밖에 없었다.

1946년 10월 이후 폭력투쟁을 전개하던 조선공산당이 대중정당인 남로당을 조직하며 합법투쟁으로 방향을 바꾸었다. 1947년 들어 미소공동위원회를 전후하여 잠깐 동안 미군정과 좌익세력 사이의 원만한 관계가 유지됐지만 미소공동위원회가 성과 없이 끝나고 남로당은 무장투쟁을 전개했다. 미군정의 좌익에 대한 탄압은 더해졌다.

미군정의 통제 위주의 정책은 극장에서 정치적 내용의 공연물을 금지시키는 등 강도를 더해 갔다. 미군정의 탄압이 심해지는 것과 때를 같이하여 영화동맹의 활동은 침체했다. 북한에 촬영소가 생기고 극장을 배우에게 준다는 소문이 돌면서 영화인 월북자도 늘었다. 통제적 영화 정책에 대해서 반대 의견을 가졌던 우익영화인들은 조직적인 행동을 하지 못하고 그 법에 순응했다.

1) 김남식, 『남로당 연구』, 돌베개, 1984, 178~179쪽.

2) 남인영은 "프로영맹이 주도하여 영건과의 통합을 추진한다. 이재명, 김정혁 등 영건의 진보적 인사들이 이에 동의하여 38도선 이북의 영화인들도 참석한 아래 조선영화동맹을 결성한다"(남인영, 「해방직후 영화운동에 관한 연구」, 서울대학교 석사학위 논문, 1990, 42쪽.)라고 『자유신문』 12월 18일자를 인용하여 주장했으나 프로영맹이 주도하여 통합을 추진했다는 증거는 『자유신문』에서 찾을 수 없다. 단, 추민의 「영화운동의 노선」(『중앙신문』, 1946. 2. 24)에 "프로영맹으로부터 제의와 쌍방 성의있는 노력으로" 라는 구절이 있다. 하지만 프로영맹의 제의로 통합이 이루어졌다기 보다는 당시 정황상 조선공산당의 지시에 의해 통합이 추진된 것으로 보는 것이 합당하다.

3) 『해방일보』, 1945. 12. 19.

4) 안종화, 『한국영화측면비사』, 현대미학사, 1998, 132~140쪽.

5) 조영 소속 연출가들이 대거 집행위원에서 빠진 것은 집행위원의 선출이 선거로 이루어졌다는 점도 고려해야 할 것이다. 영건과 프로영맹이 똑같이 투표권을 가지고 있었기에 프로영맹 소속의 소장영화인들이 프로영맹의 조직적 지원으로 집행위원으로 선출될 수 있었으리라 추측할 수 있다.

6) 원문에는 김주기로 기록되어 있다. 이는 김경기(金冏基)의 오기이다.

7) 『중앙신문』, 1946. 1. 23.

8) 『자유신문』, 1946. 1. 3.

9) 김남식, 위의 책, 197쪽. 대회 참석 대의원 명단의 영화동맹 김종화는 안종화의 오식이다.

10) 한국예술연구소 편, 『이영일의 한국영화사를 위한 증언록—유장산/이경순, 이창근, 이필우 편』, 도서출판 소도, 2002, 29쪽. 유장산의 증언은 민전 창설일인 1946년 2월 15일의 〈민전〉 대회를 말한다.

11) 1947년 『예술연감』(144쪽)에는 이기환 대신 이명우로 기록되어 있다.

12) 『독립신보』, 1946. 8. 22.

13) 『독립신보』, 1946. 8. 7.

14) 김정혁, 「감독 이규환론」, 《영화시대》, 영화시대사, 1946. 10, 77쪽.

15) 서광제, 「영화평 똘똘이의 모험」, 『독립신보』, 1946. 9. 8.

16) 『일간예술통신』, 1946. 12. 21.

17) 『일간예술통신』, 1946. 12. 26.

18) 『일간예술통신』, 1946. 12. 27.

19) 『중앙신문』, 1946. 2. 14.

20) 『서울신문』, 1946. 3. 9.
21) 조혜정, 「미군정기 영화정책에 관한 연구」, 중앙대학교 박사학위 논문, 1997, 106~107쪽.
22) 『한성일보』, 1946. 3. 9.
23) 『서울신문』, 1946. 3. 14.
24) 이승만은 참석하지 않고 축사를 보내 대독했다.
25) 조혜정, 앞의 논문, 107쪽.
26) 영건 직속 운영위원회였던 조영에서는 1947년까지 영화동맹 산하 영화제작회사로 〈해방뉴스〉를 13보까지 제작했다.
27) 추민, 「영화운동의 노선」, 『중앙신문』, 1946. 2. 24, 26, 27.
28) 조혜정, 앞의 논문, 124쪽.
29) 『중앙신문』, 1946. 2. 23.
30) 『자유신문』, 1946. 3. 1.
31) 『중앙신문』, 1946. 3. 8.
32) 『대동신문』, 1946. 3. 7.
33) 『중앙신문』, 1946. 3. 8.
34) 서울예술극장이 순천서 흥행할 때는 원 각본에서 떠나가지고 선동적인 요소를 포함시켰든 것으로 검거된 4명 중 한사람은 15일간의 구류처분을 받았다. 폭동을 일으킬 가능성도 있는 이런 선동적인 연극은 문화문제와 관련시킬 성질의 것이 아니다. (『동아일보』, 1946. 6. 12.)
35) 『일간예술통신』, 1947. 1. 25.
36) 「영화동맹 사업보고」, 《영화시대》, 1946. 10, 74쪽.
37) 『조선인민보』, 1946. 5. 3.
38) 『한성일보』, 1946. 5. 5. 광고.
39) 〈조련뉴스〉 1, 2보는 일본의 일본영화사, 조일영화사의 뉴스와 재일조선인연맹영화부에서 새로 찍은 필름을 함께 편집한 것으로 남한에 소개되어 〈일본항복의 진상〉, 〈광도원자폭탄〉이란 이름으로 상영됐다. 재일조선인연맹영화부는 1945년 11월, 영화감독 김영화를 중심으로 만들어졌으며 1945년 12월, 조선민중신문사에 영화반이 생기면서 통합했고 조선민중신문사 영화반의 허남기를 중심으로 1946년 4월 자본금 500만원의 주식회사 민중영화사로 재탄생했다.(『재일조선문화연감』, 조선문예사, 1949, 80쪽.)
40) 『한성일보』, 1946. 4. 5.
41) 『조선인민보』, 1946. 6. 7. 광고.
42) A. 기토비차, B. 볼쇼프, 『1946년 북조선의 가을』, 글누림, 2006, 90~91쪽.
43) 황문평, 『삶의 발자국 2』, 도서출판 선, 2000, 211쪽.
44) 『조선인민보』, 1946. 6. 15.

45) A. 기토비차, B. 볼쇼프, 앞의 책, 91쪽.

46) 『자유신문』, 1946. 6. 27.

47) 최영희, 『격동의 해방 3년』, 한림대학교 아시아문화연구소, 1996, 252쪽.

48) 『독립신보』, 1946. 8. 12.

49) 『독립신보』, 1946. 8. 17.

50) 6월 3일부터 8일까지는 5일간이 아닌 6일간이다.

51) 『서울신문』, 1946. 5. 25.

52) 적산 조영과는 다르며 후에 서울영화사로 개칭.

53) 『일간예술통신』, 1947년 1월 8일.

54) "조선영사기술동맹 주최 영화동맹, 본지 후원의 제1회 영사기술강좌는 개강 이래 청강생의 시종 열의에 넘친 가운데 예정대로 지난 5일 안철영 예술과장의 「영화인의 교양」을 마지막으로서 전과정을 원만히 마쳐 성황리에 종료되었다." (『일간예술통신』, 1947. 2. 7.)

55) 『서울신문』, 1947. 4. 12.

56) 『동아일보』, 1946. 9. 25.

57) 위의 신문, 광고 참조.

58) "영화동맹 주최로 오는 26, 27, 28 3일간 성남극장에서 근래 볼 수 없든 불란서 영화, 〈거인 고렘〉, 〈애기 소동기〉를 상영하게 되었는데 불란서 영화 애호가들의 다수 감상을 바란다고 한다."(『일간예술통신』, 1947. 1. 17.)

59) 「조선영화동맹 사업보고」, 《영화시대》, 영화시대사, 1946. 10, 75쪽.

60) 『동아일보』, 1946. 9. 21.

61) 『일간예술통신』, 1946. 12. 27, 1947. 1. 8.

62) 문화공작대로 지리산에 파견된 홍순학에 대한 재판기록은 『동아일보』 1949. 9. 30, 『서울신문』, 1949. 10. 1.에서 확인된다.

63) 추민, 「영화정책론」, 『독립신보』, 1946. 5. 9.

64) 『서울신문』, 1946. 3. 22.

65) 『서울신문』, 1946. 3. 30.

66) 위의 신문.

67) "朝鮮映畵와 演劇의 將來를 論하고, 映畵人을 爲하여는 撮影所를, 演劇人에게는 劇場을 주어야 한다."(오영진, 『소군정하의 북한—하나의 증언』, 중앙문화사, 1952, 38쪽.)

68) 『서울신문』, 1946. 5. 24.

69) 『독립신보』, 1946. 5. 29.

70) 『일간예술통신』, 1946. 11. 7.

71) 『일간예술통신』, 1946. 12. 19.

72) 『독립신보』, 1946. 6. 3.

73) 『서울신문』, 1946. 7. 5.

74) 『일간예술통신』, 1946. 11. 18.

75) 『매일신보』, 1945. 9. 25.

76) 『서울신문』, 1946. 4. 19.

77) 『독립신보』, 1946. 5. 4.

78) 『독립신보』, 1946. 5. 6.

79) 당시 부득이 휴관한 극장은 명동, 서울, 장안, 성남, 화신, 우미관, 제일, 한성, 광무극장이다.

80) 『서울신문』, 1946. 5. 8.

81) 『독립신보』, 1946. 10. 20.

82) 『독립신보』, 1946. 10. 24.

제4장

북한 지역의 영화인 조직

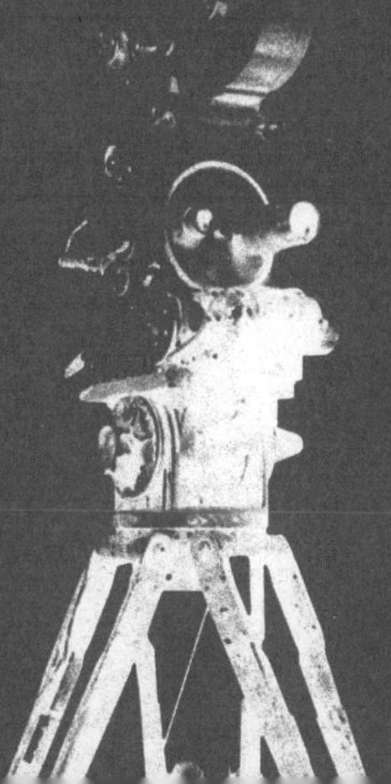

1. 조직화 이전의 북한영화

1945년 8월 15일, 일본이 패망했다는 소식이 알려지자 평양의 거리에는 감격과 흥분에 휩싸인 군중들로 넘쳐 났다. 조선독립만세를 외치던 군중들은 신사가 있던 모란봉으로 몰려갔다. 식민 지배의 상징이던 신사는 해방의 밤, 불에 탔다.

예원좌 소속 배우로 평양에서 공연 도중 해방의 감격을 맞았던 연극배우 박창환朴昌煥은 당시의 감격을 다음과 같은 글로 남겼다.

> 八월十五일 중대방송이 있다고 하길내 우리들은 日本이 蘇聯에 대하야 선전포고를 정식으로 하는 줄만 아렀다. (중략)
>
> 낮 공연이 열두시 반부터이기 때문에 우리들은 극장 화장실에서 라듸오를 갖다 노코 드르면서 화장을 햇는데 그날은 유달니 라듸오의 잡음이 많어서 무슨 말인지를 자세히 모르고 개막시간이 되어 무대에 올라갓다. 관중은 千여명이나 넘게 드러서 극장안은 꽉 찬 가운데 一막을 마치고 다시 화장실에 배우들이 모혀서 二막에 나갈 준비를 하고 있을 때이다. 平壤에 극단만 가면 못되게 굴든 金순사란 자가 (중략) 칼자루는 얻다 떼여노앗는지 순사 복장만을 입은 채 헐내벌떡 화장실로 뛰여드러오드니 "日本이 망했습니다. 日本놈이 망했어요"하며 장님이 경 읽듯이 한창 중얼대는 바람에 처음에는 무슨 영문인지 몰랐는데 열두시에 중대 방송을 생각하니 日本이 방한 것을 그제야 깨닷게 되었다.
>
> 나는 즉시로 무대에 뛰여나가『日本이 망햇습니다. 朝鮮이 독립됏

습니다. 만세불읍시다』 눈에서는 눈물이 쏘다지고 목은 메여서 말이 잘 안나왓다. 이 때에 천여명 군중은 조선독립만세를 부르며 극장 박그로 몰켜나갓다. 그때부터 거리에서는 만세 소리엿다. 우리 단원들은 텅빈 극장 안에서 서로 부둥켜 안고 엉엉우럿다. (하략)[1)]

해방의 감격이 넘실되던 평양에서도 민족국가 건설을 위한 첫걸음이 시작되었다. 1945년 8월 17일 조만식이 평안남도 건국준비위원회平安南道 建國準備委員會(이하 평남건준)를 세웠다. 얼마 있지 않아 평양의 공산주의자들은 평남지구 조선공산당平南地區 朝鮮共產黨을 결성했다. 소련군이 평양에 진주한 후, 소련군정의 주도로 조만식의 평남건준과 평남지구 조선공산당이 1:1의 비율로 평남인민정치위원회를 구성했다.

38선 이북에서 최초로 세워진 예술인 조직은 1945년 9월에 만들어진 평양예술문화협회(이하 평문협)였다. 민족주의 계열의 예술인과 공산

⊙ 해방 직후 조만식(왼쪽)과 김일성(오른쪽)

주의 계열의 예술인을 다 포함한 동호회적인 조직이었다. 1945년 9월, 서울에서 조선프롤레타리아예술동맹이 세워지는 것에 발맞추어 북한의 각 지역에 그 지부가 세워졌다. 평양에서도 평남지구프롤레타리아예술동맹(이하 평남지구프로예맹)이 세워졌다. 소군정에서는 평문협과 평남지구프로예맹의 통합을 지시했다. 평문협은 이에 반대하여 자진 해산했고, 평남지구프로예맹은 서울에서 월북한 예술인들을 포함하여 북조선예술총연맹北朝鮮藝術總聯盟(이하 북예맹)으로 그 외연을 넓혔다.

가. 평양예술문화협회와 평남지구프롤레타리아예술동맹

해방 당시 북한 지역은 지역적 특성에 따라 그 세력의 분포가 달랐다. 일제강점기, 공산주의 활동이 활발했으며 군수 공장들이 집중되어 있어 노조 또한 발달되어 있던 함경도 지역은 소련군의 무력 점령을 통해 해방을 맞았고 곧바로 공산주의자들이 주도권을 잡았다. 반면, 함경도에 비해 노조활동이 적었고 기독교 신자가 많아 민족주의 성향이 강했던 평안도 지역은 조만식을 중심으로 한 민족주의 계열이 주도권을 잡았다. 황해도는 공산주의 계열과 민족주의 계열이 세력균형을 이루고 있었다.[2)]

지역마다 건국준비위원회와 같은 자치조직이 생겨나는 것과는 달리 문학, 예술인들은 서울을 중심으로 모였다. 임화, 김남천, 이원조 등이 문건을 조직했고 이를 토대로 문학예술인들의 협의체인 문건중협을 만들었다. 소식을 듣고 모임에 참석하기 위해 많은 문학가들, 예술인들이 서울로 모였다.

문건중협에 참여하지 않은 두 부류가 있었다. 일제강점기 카프의 이름을 이어받은 이기영, 한설야, 윤기정 등의 한 계열과 다른 하나는 박종화朴鍾和, 김진섭金晉燮, 이헌구李軒求, 김광섭金珖燮, 유치진 등 우익계열의 인물들이었다.[3] 이들은 서울에서 문건중협과 다른 각기 새로운 조직인 조선프롤레타리아예술동맹과 중앙문화협회를 조직했다.[4]

해방 직후, 문학, 예술인들 대부분이 서울에 모였다. 특히, 영화인의 서울 집중은 다른 어떤 예술장르보다 심했다. 이는 일제에 의해 영화제작 일체가 조영으로 통합되었기 때문이었다.

북한에서의 문학, 예술인 조직은 서울에서의 바람이 잦아진 1945년 9월에 시작됐다. 평양에서 지역 출신 문학, 예술인들이 중심이 되어 문학, 예술 동호회인 평문협을 만든 것이다. 회장은 연장자인 소설가 최명익崔明翊이 맡았고 회원으로는 문학에 전재경田在耕, 오영진,[5] 한태천韓泰泉, 김조규金朝奎, 유항림兪恒林(본명은 김영혁金永赫), 황순원黃順元, 남궁만南宮滿 등과 음악에 김동진金東振, 한시형韓時炯, 황학근黃學根, 김완우金完羽, 강효순姜孝淳, 유광덕劉光德, 미술에 김병기金秉騏, 문학수文學洙, 정관철鄭寬徹 등이 있었다.[6] 영화인으로는 문학으로 분류된 시나리오 작가 오영진이 유일했다.

⊙ 오영진

평문협이 만들어질 즈음에 이기영, 한설야 등이 만든 프롤레타리아예술동맹은 공산당 세포 조직을 이용하여 북한 지방에 지부를 만들기 시작했다. 각 지구의 주요 인물들로는 평북에 안용만安龍灣, 이원우李遠友, 김우철金友哲, 함북에 김북원金北原, 천청송千

靑松, 함남에 한설야, 한식韓植, 이북명李北鳴, 이찬李燦, 강원도에 이기영, 최인준崔仁俊, 황해도에 안함광安含光 등이 있었다. 평남지구에는 대부분의 문학, 예술인이 평문협에 가입했기 때문에 인적 구성에 있어 다른 지구보다 부실할 수밖에 없었다.

평남지구의 대표 인물은 고일환, 남궁만, 이석률, 심삼문, 한재덕韓載德 등이었다.[7] 이들 외에 60~70명 정도 되는 맹원 대부분은 전문적인 예술인이 아닌 일인일능대회 응모 수준의 아마추어들이었다.[8] 일인일능대회는 해방 직후 평양에서 공산당의 선전 활동을 위해 설립한 연극단체인 중앙예술공작단에 참여할 인물들을 모집하기 위해 개최된 일종의 장기자랑 대회로 오영진의 말을 빌린다면 "닭소리 잘하는 청년, 외마디 유행가가 그럴듯한 여급풍의 젊은 여인, 목욕탕에서 수심가 한 곡조를 멋들어지게 넘기는 재조로는 직장 연예의 수준을 넘지 못하였다."[9]고 한다.

북한의 다른 지역에서는 프로예맹의 각 지구 조직이 활동한 반면, 평양에서는 1945년 말까지 평문협과 평남지구프로예맹이 공존했다. 마치 평남인민정치위원회를 조선민주당과 조선공산당이 양분한 것과 같은 모습이었다. 그러나 소련군정이 공산당을 지원하는 이상 힘의 균형은 공산당이 지원하는 평남지구프로예맹으로 쏠릴 수밖에 없었다.

연안에 가 있던 소설가 김사량金史良이 평양에 돌아왔고 무용가 최승희崔承喜와 그녀의 남편 안막安漠이 월북하여 평양으로 왔다. 한설야와 이기영도 함흥과 철원에서 평양으로 돌아왔다. 이들을 중심으로 축세가 벌어졌는데 김창만金昌滿의 희곡 〈강제병〉, 김사량의 희곡 〈봇돌이의 군복〉, 남궁만의 악극 〈온달장군〉이 공연되었다. 여기에 소련 종군연예대 〈태평양함대〉의 내연도 있어 대단한 흥행이었다고 한다.[10] 평양

시내의 모든 극장을 접수한 평남지구프로예맹은 이런 축제를 주최함으로써 힘을 더했다.

서울에서 문학, 예술운동 역량의 강화를 위해 조선공산당 주도로 문건중협과 프로예맹이 통합을 추진했을 때 평양에서도 같은 일이 일어난다. 소련군으로 북한에 와 있던 소련 2세인 김파金波가 평문협과 평남지구프로예맹의 통합을 주도한 것이다. 그는 평남지구프로예맹의 사무실인 환천당 시계점 2층에 평문협과 평남지구프로예맹의 맹원들을 모아 놓고 사실상 두 단체의 결합을 명령하였다. 아래는 당시의 상황을 묘사한 오영진의 기록이다.

> 金波는 이 자리에서 『組織』이란 말을 하였다. 나는 活字로만 보던 『組織』이란 말을 처음으로 組織 下에서 살아온 사람의 입으로 들었다. 그의 論旨는 藝術團體이나 그 밖의 政黨 社會團體를 莫論하고 組織되어야 하고 그 組織 下에 움직여야 한다는 것이다. 따라서 이번과 같이 藝文協會가 프로藝盟과의 合併을 不肯하는 것은 組織을 破壞하려는 工作밖에 안 되는 것을 알아야 한다는 것이다. 그의 힘 있는 發言에도 不拘하고 그때까지 組織이라는 의미를 徹底히 理解 못하는 우리 會員은 그냥 釋然하지 않았다.[11]

최명익과 오영진은 통합을 거부하고 평문협을 해산했다. 평문협의 회원들은 특별한 가입 절차 없이 자연스럽게 평남지구프로예맹에 흡수되었다.

평양에서 영화 활동은 평남건준 부위원장이었던 오윤선吳胤善

의 아들인 오영진에 의해 주도되었다. 소련군정에서는 오영진의 영화 경험을 중히 여겨 그를 북한의 영화 책임자로 임명할 생각이었다. 오영진은 평양대중극장 지배인 박운삼朴運三의 소개로 북한에 들어온 소련 영화인들을 만났다. 그가 만난 소련 영화인은 〈소련의 하루〉라는 기록영화로 스탈린상을 받았고, 기록영화 〈백림〉에 참여했던 촬영기사 리트낀 소좌이다. 리트낀은 오영진에게 자신의 스승인 푸도프킨V. I. Pudovkin이 복스BOKC(소연방대외문화협회)의 영화과장으로 있으며, 편지를 쓰면 도움이 될 것이라며 충고했다. 오영진은 충고를 받아들여 푸도프킨과 도브첸코Alexander Dovzhenko에게 편지를 썼고 푸도프킨은 답장과 함께 영화잡지 《키노》, 연감을 보냈다. 오영진이 편지를 쓴 지 9개월이 지나서였다.[12] 아래는 푸도프킨이 오영진에게 보낸 편지 전문이다.

> 우리는 대단히 귀하로부터 여러분들의 작업 과정에 관한 통보 즉 북한의 영화인들 중 누가 지금 작업하고 있는지, 어떠한 테마들이 영화에 등장하고 있는지—아마도 촬영 계획서나 현재 제작과정에 있는 영화 시나리오 등—에 대한 정보 얻기를 항상 바랍니다. 우리들은 북한에서 소련 영화들의 배급에 관한 것 즉 북한 관객들이 어떠한 영화들을 마음에 들어 하는지, 마음에 안 들어 하는지에 대단한 흥미를 가지고 있습니다.[13]

1945년 11월, 오영진은 서울에서 영건을 실질적으로 운영하던 이재명과 윤상열을 평양으로 불러 소련 장교들에게 소개하기도 했다.[14] 조선영화의 발전을 위한 소련의 원조를 부탁하기 위해서였던 것으로 보인다.

1945년 12월, 서울에서는 문건중협과 프로예맹이 통합을 준비중이었다. 12월 16일, 영건과 프로영맹은 영화동맹으로 통합하였다. 영화인 조직의 통합 직후, 서울의 영화동맹 소속의 젊은 영화인들이 월북한다. 월북영화인은 프로영맹의 서기장이자 영화동맹의 중앙집행위원이었던 정준채와 프로영맹의 중앙집행위원을 맡았던 윤재영尹在英 등이었다. 이들은 일제강점기 조영의 조수 출신으로서 북한 지역의 민전 결성을 촬영하기 위해 서울에서 파견되어 온 사람들이었다.

이들의 월북 시점은 확실치 않다. 단, 영화동맹 창설시 정준채가 중앙집행위원으로 있었던 점으로 보아 이들의 월북 시점은 영화동맹 결성 직후로 볼 수 있다. 영화동맹 창설시 북한 지역의 영화인들이 참석했고 이들에게 북한 지역의 열악한 영화제작 상황을 전해 듣고 영화동맹에서 북한 지역에 이들을 파견했거나 아니면 북한 지역 영화인들의 권유로 함께 월북했을 것으로 추측된다. 이들이 북으로 가지고 간 카메라는 해방 직후 유장산이 영화촬영을 위해 일본인에게 개인적으로 구입한 아이모 카메라였다. 이들 소장영화인을 중심으로 1946년 1월, 북조선 공산당 중앙위원회 선전부 내에 영화반이 조직된다.

> 共産黨에서는 越北하여 온 몇몇 映畵靑年 尹在英(後에 蘇聯留學), 鄭俊采 等을 맞아서 宣傳部內에 映畵班을 組織하였다. 日政때부터 알던 이 助手들은 매일과 같이 나를 찾아 와 映畵委員會를 組織하자고 졸라댄다. 藝術同盟 傘下에 오직 映畵部門만은 그때까지 組織되지 않았던 것이다. 나는 아이모 한 台 밖에 없는 現狀으로 그까짓

委員會나 만들어 놓아 무엇을 하느냐는 理由로 그들의 要求에 應하지 않았다.[15]

1946년 3월, 북예맹이 조직된 후, 공산당 중앙위원회 선전부 내 영화반원인 정준채를 비롯한 월북영화인들이 오영진을 설득해 북예맹 산하 영화위원회를 조직하려고 했지만 오영진의 거부로 실패했다. 북예맹 산하 영화 부문은 함흥에서 온 주인규를 중심으로 조직된다. 북한영화 책임자라는 오영진의 위치는 조선민주당 출신이라는 한계와 그 스스로 소군정에 적극적으로 협력하지 않음으로써 멀어져 갔다. 오영진의 자리는 주인규에게 넘어갔다. 오영진은 1947년 월남했다.

나. 이 시기 영화 활동

해방 직후, 북한 지역에서는 영화를 제작할 수 있는 시설, 기재, 인력이 전무했기 때문에 영화제작은 이루어질 수 없었다. 소련군 진주, 평양의 시민대회를 촬영하기 위해 서울에서 김학성, 이기성 등 촬영기사들이 파견되기도 하고 소련 종군 촬영대가 함경도에서 일본군과의 전투, 청진 감옥의 정치범 석방 등을 촬영하여 기록영화로 만들었으나 이것은 본격적인 북한 지역의 영화제작 활동으로 볼 수 없다.

이 시기는 영화 상영만 이루어졌다고 보는 것이 타당하다. 주로 소련군과 함께 흘러들어 온 영화들이 상영됐다. 처음에는 자막도 해설도 없이 상영되었으나 일부 대형 극장에서는 조선인 2세 출신 소련 병사들이 변사를 맡아 해설하기도 했다.[16]

1946년 초까지 십여 편 정도의 소련영화가 북한 지역에서 상영되었다. 상영된 영화로는 〈백림〉, 〈스탈린그라드 공방전〉, 〈세바스트폴 공방전〉 등의 전쟁기록영화와 음악기록영화 〈차이코프스키〉, 극영화로는 〈여성의 힘〉, 〈표트르대제〉, 〈무지개〉 등이 있다.

유항림이라는 필명을 사용하던 소설가 김영혁이 1946년 2월 15일에 쓴 글에는 당시 관람한 소련영화에 대한 감상이 들어 있다. 자막이 없는 극영화에 대해서는 잘 만들었는지 못 만들었는지 재미가 있는지 모르겠다고 솔직히 말하고 있다. 감상문의 대부분은 이해하기 어려운 극영화보다는 〈스탈린그라드 공방전〉, 〈백림〉, 〈세바스트폴 공방전〉 등 제2차 세계대전 기록영화에 관한 것이 주를 이루고 있다.

> 가령 美國映畵중에 우리가 많은 감명과 흥분까지도 느끼던 것으로 타이틀이 없었다면 果然 몇 몇 편을 담아서 足히 재미있는 映畵라 말 할 수 있었을까. 이것이 타이틀이 없는 蘇聯映畵를 보고 먼저 느껴진 印象이었다. 率直히 말한다면 蘇聯映畵의 過半은 재미가 있는 것인지 못 된 것인지 알 수 없을 수밖에 없다. 그런 의미에서 〈표트르 大帝〉 같은 것을 말해 본대도 映畵評論家가 아닌 나로서는 거짓말밖에 안되고 〈무지개〉는 서울서 상영되었다니까 구태여 蛇足을 부칠 필요도 없겠으니 아래서는 몇 편 映畵의 素朴한 印象을 ○○○○으로 본채 적어 보기로 한다.
>
> 于先 타이틀 없이도 充分히 알고 느낄 수 있는 것은 記錄映畵였다. 長篇記錄映畵 〈스탈린그라드 攻防戰〉과 〈伯林〉 中篇 〈세바스트폴리 攻防戰〉이다.[17]

⊙ 박정호

소련군에서 흘러나오던 소련영화는 1945년 11월 11일, 조소문화협회朝蘇文化協會가 창설되고 동년 12월 소련영화 독점 배급사인 인민영화사人民映畵社가 만들어지면서 배급 체계가 마련되었다. 소련영화는 이제 인민영화사와 조소문화협회를 통해 상영되기 시작했다. 조소문화협회의 위원장은 지주 출신인 황갑영黃甲泳이었다. 부르주아 계급인 황갑영이 위원장이었던 관계로 조소문화협회가 설립될 당시에는 부유한 인텔리 계층이 주로 가입했다.

인민영화사는 애초 평양대중극장 지배인 박운삼이 기획하였다.[18] 박운삼은 오영진에게 동참을 제의했지만 거부당한 후 조소문화협회와 손잡고 인민영화사를 세웠다. 인민영화사의 사장은 조소문화협회 초대 위원장인 황갑영, 전무는 삼일기업사 사장인 공산당원 박정호朴正浩가 맡았다. 실권은 공산당원인 박정호가 가지고 있었다.[19]

2. 영화인 조직 구축

1945년 10월 8일 소군정에서는 이남에서 활동하던 박헌영과 이북에서 활동하던 김일성의 만남을 주선했다. 개성 근처 소련군 38경비사령부에서 조선공산당북조선분국 설치에 관한 박헌영과 김일성의 비밀회의가 있었다. 그 회의에서 박헌영은 북조선분국에 대해 반대했으나 소군정의 설득으로 이를 받아들였다.[20] 박헌영과 김일성은 코민테른의 1국1당이라는 원칙에 어긋나지 않게 서울의 조선공산당의 분국 형식으로 평양에 조선공산당북조선분국을 설치하도록 합의했다. 이는 38선이라는 물리적 경계선으로 인해 미군이 점령하고 있는 서울의 조선공산당이 북한 지역을 지도하는 것이 어렵다는 것을 인정하는 것이었다. 소군정의 북조선분국 설치는 박헌영이 중심이 된 국내 공산주의 계열에 대한 견제와 소련의 검증이 끝난 김일성을 전면에 내세우기 위한 사전 정지작업이었다.[21]

1945년 10월 10일부터 13일까지 서북 5도당 책임자 및 열성자 대회가 치러졌다. 대회 마지막 날인 13일 북조선분국 위원이 선출되었고 이어진 북조선분국 제1차 확대위원회에서 책임비서 김용범金鎔範, 제2비서 무정武亭과 오기섭吳琪燮이 추대됐다. 김일성은 1945년 10월 14일 김일성장군환영대회를 통해 화려하게 등장했다. 그리고 위대한 독립운동

⊙ 박헌영과 김일성 © NARA

가로 이미지 메이킹 작업을 끝낸 후, 1945년 12월 17일 북조선분국 제3차 확대위원회에서 책임비서 자리에 앉았다.[22]

1945년 12월 말, 신탁통치안이 발표되었다. 북조선분국의 김일성은 찬탁을, 그 외 남과 북, 좌와 우 모든 정치조직은 반탁을 천명했다. 그러나 소련군정에서 찬탁을 명령하자 조선공산당을 비롯한 좌익계열 모두 찬탁으로 돌아섰다. 조선민주당의 조만식은 소군정의 회유와 협박에도 반탁을 굽히지 않았다. 소군정은 조만식을 숙소인 고려호텔에 연금시켰다. 이로써 북한 지역에서 조선민주당은 기능을 상실했으며, 김일성의 위상은 더욱 올라갔다. 북조선분국은 조선공산당의 분국이 아닌 사실상 조선공산당 본국의 역할을 수행하게 된다.

1946년 2월 8일 김일성을 위원장으로 하고, 김두봉金枓奉을 부위원장으로 하는 북조선임시인민위원회北朝鮮臨時人民委員會가 만들어진다. 실질적인 북한정권이 탄생한 것이다. 조선민주당은 조만식을 대신하여 최용건崔庸健을 새로운 당수로 내세우고 명칭을 북조선민주당北朝鮮民主黨으로 개칭했으며 조선공산당북조선분국의 이중대로 전락하였다. 북한영화의 책임자 오영진도 감시 상태에 있었다.[23]

⊙ 최용건

김일성을 위원장으로 하는 북조선임시인민위원회에서는 북예맹의 설치와 더불어 북한 지역의 영화를 건설하기 시작한다. 주인규의 주도하에 북예맹 산하의 영화부가 만들어졌으며 조선공산당북조선분국 선전부 산하에 영화반이 조직되었고, 북조선영화제작소北朝鮮映畵製作所, 북조선국립영화촬영소北朝鮮國立映畵撮影所의 건설이 시작되었다.

가. 북조선예술총연맹(북예맹)

1945년 12월 14일, 서울에서는 조선공산당의 김태준이 주선하여 문건과 프로문맹의 통합이 이루어졌다. 이를 시작으로 문건중협과 프로예맹의 산하 단체들이 차례로 통합을 하여 1946년 2월 24일, 조선문화단체총연맹 산하로 완전히 편입되었다.

북한에서도 조직 정비가 이루어진다. 독립적인 성격이 강했던 각 지역의 지방자치조직은 김일성의 북조선임시인민위원회가 설립되면서 이를 중심으로 체계를 갖췄다. 북조선임시인민위원회의 설립을 계기로 북한 지역의 각 지구 프로예맹 역시 북조선예술총연맹(북예맹)으로 확대 재편되었다.

1946년 3월 25일, 북예맹이 설립되었다. 북예맹의 설립에는 카프의 비해소파가 대거 평양으로 입성하여 인적 자원을 풍부히 한 것이 큰 힘이 되었다. 철원에서 이기영, 함흥에서 한설야, 해주에서 안함광, 서울에서 박팔양朴八陽, 박세영朴世永, 윤규섭尹圭涉, 안막 등이 평양으로 왔으며[24] 연안에서 돌아온 김사량과 평양에 있던 한재덕 등이 북예맹을 조직하는데 앞장섰다. 북예맹의 결성에 대해 안함광은 "연맹 결성 이후 비로서 문학예술운동이 전 북조선적으로 단일한 체계 하에 통일되어 일원적인 정비를 보게 되었다"[25]고 평가하였다. 아래의 북예맹의 설립에 관한 기사를 통해 조직의 강령과 체계를 파악해 볼 수 있다.

三八 以北에서는 지난 三月 二十五日 『北朝鮮藝術總聯盟』을 結成하였다는데 綱領과 新任幹部는 다음과 같다.

△ 綱領

一. 進步的 民主主義에 立脚한 民族文化藝術 樹立

二. 朝鮮 藝術運動의 全國的 統一組織의 促成

三. 日帝的 封建的 팟쇼的 모든 反民主主義 反動的 藝術의 勢力과 觀念의 掃蕩

四. 人民 大衆의 文化的 創造的 藝術的 啓蒙을 爲한 啓蒙運動의 展開

五. 民族文化와 遺産의 正當한 批判과 繼承

六. 우리의 民族藝術文化와 『쏘비엣트』聯邦 藝術文化를 비롯한 國際文化와의 交流

執行委員 = 李箕永 尹圭涉 韓雪野 金史良 韓載德 安漠 韓泰泉 邊孝植 田在耕 朴八陽(以上 中央) 崔明胡[26] ○宗식(平南) 金○人[27] ○完植[28](平北) 朱仁圭 韓植(咸南) 玄卿俊 金北原(咸北) 鄭律成 徐順九(黃海) 崔仁俊 孔成松(江原)

常務委員

名譽委員長 李箕永

委員長 韓雪野

副委員長 安漠 朴八陽

第一 書記長 安含光

第二 書記長 韓載德

出版局長 朴八陽(兼)

經理局長 韓載德(兼)

國際文化局長 金史良(兼)

組織局長 安含光(兼)

藝術委員 = 李箕永 韓雪野 朴八陽 安漠 安含光 韓在德 金史良[29)]

조선공산당북조선분국은 현 단계를 부르주아 민주주의 혁명 단계로 보았다. 부르주아 민주주의 혁명 단계와 다음 단계인 프롤레타리아 사회주의 혁명 단계는 사유재산의 인정 여부에 따라 달라진다. 김일성은 1946년 3월 23일 발표한 「20개조 정강」에서 사유재산을 법적으로 보장할 것을 주장함으로써 현 단계가 부르주아 민주주의 혁명 단계임을 명확히 하였다.

⊙ 이기영

⊙ 안막

⊙ 안함광

문학예술 조직체인 북예맹도 설립시 부르주아 민주주의 혁명 단계에 맞는 문예정책을 제시했다. 북예맹의 강령에서 알 수 있듯이 진보적 민주주의에 입각한 민족문화 수립이 바로 현 단계의 문예정책이었다. 진보적 민주주의에 입각한 민족문화에 대해 안막은 "무산계급과 그 문화사상이 영도하는 인민대중의 반제 반봉건 반팟쇼적 문화이며 일체의 자본주의 문화를 반대하는 문화는 아니며 내용에 있어서 진보적인 것, 형식에 있어서 민족적인 것이다"[30] 라고 정의하고, "민주주의 예술 문화는 일체의 반민주적 반동세력과 그 문화사상과의 과감한 투쟁과정 속에서만 형성될 수 있고 발전될 수 있다"[31]고 주장하였다.

북예맹의 강령에는 진보적 민주주의에 입각한 민족문화 수립 외에 인민 대중의 문화적 창조적 예술적 계몽을 위한 계몽운동의 전개, 민족문화와 유산의 정당한 비판과 계승을 강조하고 있으며, 남한의 문총과의 통일을 통한 조선 예술운동의 전국적 통일조직을 기하고 우리의 민족예술문화와 쏘비에트연방 예술문화를 비롯한 국제문화와의 교류 또한 적시하였다.

북예맹의 조직을 살펴보면 최고기관인 북조선의회를 중심으로 6개도의 도총회, 그 아래 전국 시, 군, 읍의 시, 군, 읍 총회로 구성하여 전국을 피라미드 모양의 민주주의적 중앙집권제로 조직체계를 삼았다.[32]

최고기관인 북조선의회는 각 도의 대의원으로 구성되었고 각 도의 대의원수는 각 도 연맹수에 비례하여 중앙집행위원회에서 결정하였다. 북조선의회에서는 1) 중앙집행위원회의 사업보고에 대한 토의 및 결정, 2) 사업계획 제의 및 토의 결정, 3) 예산편성 및 결산보고, 4) 중앙집행위원, 위원장, 부위원장의 선거, 5) 강령 규약의 수정의 등을 처리하였다.

북예맹의 최고기관인 북조선대회의 결의를 집행하기 위해 중앙집행위원회를 두었다. 중앙집행위원회는 위원장, 부위원장, 서기장 1인과 그 아래 예술위원회, 서기국, 총무국, 출판국, 조직국, 국제문화국을 두었다. 중앙집행위원회의 결의를 집행하기 위해서는 상무위원회를 두었는데 상무위원으로는 위원장, 부위원장, 서기장, 각부 책임자 외에 약간명의 집행위원으로 구성되었다.

북예맹 최초의 조직과 인선은 위의 『조선인민보』 기사와 같다. 북한 전역의 문인들이 중심이었으며 이 중에는 영화배우 출신 공산주의자 주인규와 카프 영화부 소속의 박완식朴完植이 함남과 평북의 집행위원으로 지방조직의 구축에 힘을 쏟고 있었다. 북한영화의 중요 인물인 이들이 지방조직 구축 활동을 하고 있었던 것으로 보아 북예맹 결성 당시에는 북한 지역에 영화인 조직이 결성되지 않았음을 추측할 수 있다.

주요 문학, 예술인들이 지방에서 조직 사업에 힘을 쏟았던 이유는 문학과 예술의 대중화가 북예맹의 기본방침이었기 때문이다. 대중화 사업은 각 직장, 각 학교에 문학 써클을 광범위하게 조직하는 것으로 구체화된다. 1946년 9월까지 문학인 1,922명, 연극인 2,610명, 음악인 1,978명, 미술인 625명, 사진 797명, 무용인 116명이었으며, 단편소설 172편, 희곡 273편, 시 1,241편, 평론 124편, 가요 400편, 아동문학 468편, 연극상연 4,636회, 음악연주회 842회, 미술전람회 26회, 사진 전람회 27회, 무용 공연 수 51회의 성과를 일궜다.[33]

이렇듯 북한 전역의 문학, 예술인들이 지방과 중앙의 조직 구성에 힘을 집중하였기에 급속한 조직 구성과 써클 활동에는 성공했지만,

그 수준은 써클 활동에 머물 뿐이었으며 기성 문학, 예술인들의 수준 높은 성과물은 얻어낼 수 없었다. 북예맹은 제2차 전체대회에서 아래와 같은 평가를 내렸다.

> 「藝總」은 面, 市, 郡, 道, 中央에 이르기까지 튼튼한 群衆基礎 우에 樹立되어 이미 一萬餘名이라는 廣大한 文學, 藝術的 力量을 結集시켰으며 그 影響 下에 一千餘의 文學藝術 써-클을 갖고 있다.
>
> 그러나 그것은 아직도 初步的인 基礎를 닦았음에 不過하고 民主主義 朝鮮獨立國家建設을 위한 主動的 文學藝術部隊로서는 아직도 튼튼한 準備와 基礎를 完成치 못한 것이다.
>
> 「藝總」은 아직 各 部門別 組織體로 確立되지 못하였기 때문에 그 文學的 藝術的 力量을 沮害 當하고 있는 事實에 비추어 再編을 必要로 하는 階段에 이르렀다고 본다.[34]

1946년 10월 13일~14일 이틀간 열린 북예맹 제2차 전체대회에서는 전국의 1천여 개의 문학예술 써클 구성과 1만여 명의 문학예술 역량 집결이라는 그간의 성과를 이어받고 아직 체계를 잡지 못한 문학, 예술 각 부문의 역량을 강화하기 위하여 북조선문학예술총동맹北朝鮮文學藝術總同盟(이하 문예총)으로 조직을 개편할 것을 결의하는 결정서를 13일 채택하였다. 아래는 결정서 전문이다.

> 決定書
>
> 北朝鮮藝術總聯盟全體大會는 新情勢와 文學藝術戰線의 强化에

關한 安漠同志의 一般情勢報告를 듣고 組織問題를 다음과 같이 決定한다.

一, 本大會는 新情勢에 呼應하여 北朝鮮藝術總聯盟을 北朝鮮文學藝術總同盟으로 再組織할 것을 決定한다.

一, 本大會는 藝總의 再組織에따라 從來의 文學, 演劇, 美術, 音樂, 映畵, 舞踊, 寫眞 等 各部를 모두 同盟組織으로 改編하고 그 獨自的 活動을 保障할 것을 決定한다.

一, 本大會는 大會의 이름으로써 再組織 委員會를 構成하고 再組織 및 改編에 關한 一切의 事務를 이에 一任할 것을 決定한다.

一, 本大會는 再組織委員會로 하여금 本大會 期間 內에 一切 再組織 構造를 發表케할 것을 決定한다.

一九四六年 十月 十三日

第二次 北朝鮮藝術總聯盟 全體大會[35)]

13일 북예맹의 조직개편을 결의하는 결정서가 채택됐고 14일 채택된 결정서에서는 이를 재차 확인했으며 조직의 정비, 창작방법의 확립, 동맹원의 계획적인 학습, 지방조직과의 유리됨 없는 활동 전개 등을 산하 각 동맹에 위임하였다.

북예맹 산하 영화 부문은 어떻게 조직되었는지 자료가 없어 확실히 알 수 없다. 단, 1947년도 『예술연감』에 서울의 영화동맹 산하 평남지구영화동맹이 1946년 4월 16일 결성되었다는 기록이 있어 그 기록을 토대로 추측할 수밖에 없다. 평남지구영화동맹은 위원장에 오영진, 부위원장에 이덕훈李德薰, 서기장은 김치근金治根이 맡았고, 제작부장은

위원장인 오영진이 겸하고 사무부장에는 박운삼朴運三이 맡은 것으로 기록되어 있다.[36)]

그러나 평남지구영화동맹 위원장 오영진의 기록은 다른 해석을 가능케 한다. 오영진은 남쪽에서 파견된 윤재영, 정준채 등이 매일 같이 찾아와 영화 부문의 조직을 종용했지만 응하지 않아서 끝내 영화 부문은 조직되지 못하였다고 기록하였다.[37)] 이 두 기록을 통해 추측해 보면 당시 감시 상태에 있던 오영진의 의사와 상관없이 오영진을 포함하여 영화 부문의 조직이 이루어졌지만 활동은 미미했으며, 북예맹 2차대회를 앞둔 1946년 9월 27일 주인규에 의해 재조직되었을 것으로 추정된다.

나. 북조선문학예술총동맹(문예총)

1946년 8월 29일 조선공산당북조선분국은 김두봉이 이끄는 신민당과 합당하여 북조선노동당北朝鮮勞動黨(이하 북로당北勞黨)을 창당하였다. 북로당 창당을 계기로 북한 지역을 아우르는 문예조직을 건설한 북예맹 또한 조직개편에 나섰다.

북예맹에서는 1946년 10월 13~14일 전체대회를 열고 명칭을 북조선예술총연맹에서 북조선문학예술총동맹으로 바꾸고 각 지방조직을 중앙집권적으로 조직한 연맹체에서 문학, 연극, 미술, 음악, 영화, 무용, 사진의 7개 동맹의 독자성을 강조하는 동맹체로 조직을 개편할 것을 결의하였다. 조직사업에 문학, 예술인의 정력을 거의 전부 경주했던 과도기적 상태의 조직의 시기에서 "예술 부문의 활발스런 독자적 활동과 기능을 발휘할 수 있는 조직체를 갖기 위한"[38] 창조의 시기로 이행해 가는 것이었다.

창조의 시기로 이행해 가기 위한 가장 큰 변화는 문학예술인들을 각종 잡무에서 해방시키는 것이었다. 잡무의 가장 큰 원인인 써클 활동을 문예총에서 분리시켰다.

북예맹은 써클 활동을 비롯한 군중문화사업과 문학예술창조사업을 함께 진행하였다. 군중문화사업에 기성의 문학예술인들이 집중되었기 때문에 이들은 제대로 된 창조활동을 할 수 없었다. 그래서 써클원에 대한 지도책임 및 써클 확충의 문제 등 군중문화사업은 직총 문화인부가 관할하는 식으로 업무 분담을 한 것이다. 문예총은 문학예술적으로 지도적 측면에서 군중문화사업을 방조만을 하게 되었다.[39]

군중문화사업의 분리와 더불어 직장과 학교의 써클원까지 포함한 7개 동맹의 구성원에 대한 심사도 다시 이루어졌다. 연극동맹에서는 맹원 및 극단의 재심사를 통해 실력 있는 극단만을 존속케 하고 나머지 극단들은 직장군중문화사업측으로 배속시켰고 미술동맹에서도 이 원칙에 의하여 상업미술가는 동맹으로부터 제외하여 별개의 미술직장을 갖게 하였다. 음악동맹 기타 동맹들에 있어서도 동일한 원칙에 의하여 맹원 재심사를 하였다.[40]

구체적인 조직 변화를 살펴보면 다음과 같다. 문예총 탄생과 함께 북예맹 산하 7개부는 7개 동맹으로 개편되었는데 7개 동맹 중, 주체역량이 미흡하다는 평가를 받은 영화, 무용, 사진의 3개 동맹은 위원회로 격하되었다. 아래는 문예총의 중앙조직이다.

北朝鮮文學藝術總同盟 中央委員

韓雪野, 李箕永, 李燦, 金史良, 崔明翊, 安漠, 安含光, 韓曉, 韓載德, 申鼓頌, 鮮于澹, 宋影, 李東珪, 尹基鼎, 朴世永, 金昌滿, 羅雄, 李冕相, 金泰淵, 崔承喜, 申斗熙, 朱仁奎, 韓植, 金北原, 安龍灣, 徐順九, 金友哲, 崔仁俊, 金朝奎, 趙鐘鍵, 尹世平, 李文彬, 李北鳴, 李素進, 鄭寬徹

中央常任委員長 : 李箕永, 副委員長 : 安漠, 書記長 : 李燦

中央常任委員

李箕永, 韓雪野, 安漠, 李燦, 安含光, 韓曉, 申鼓頌, 韓載德, 崔明翊, 金史良, 鮮于澹

中央檢閱委員 : 委員長 朴八陽, 委員 田在耕, 朴石丁, 尹默, 金承久

出版部長 : 朴世永, 宣傳部長 : 崔貞國, 組織部長 : 黃景燁[41]

문예총 중앙조직을 기존 북예맹 중앙조직과 비교해 보면 연맹체에서 동맹체로 어떻게 바뀌었는지 확인할 수 있다. 각 도 대의원으로 구성된 북예맹 최고기관인 북조선대회는 문예총으로 바뀌면서 7개 동맹의 대표자로 구성된 북조선문학예술인대회로 대체되었다. 최고기관에서 의결된 사항을 집행하는 집행기관 또한 북예맹에서는 중앙의 10명의 집행위원과 각 지방의 2명의 집행위원이 집행위원회를 구성하여 이를 처리했는데 문예총에서는 중앙과 각 동맹에 중앙위원을 두어 이를 대체했다. 중앙위원회에서 결의된 사항을 집행하는 상임위원회는 북예맹에서는 중앙상임위원회만 있었지만 문예총에서는 각 동맹이 상임위원회를 구성하여 직접 각 동맹위원회의 결의를 집행했다.

중앙의 각 부서를 살펴보면, 북예맹의 예술위원회가 문예총의 중앙검열위원회로 바뀌었으며 기존의 출판, 경리, 조직, 국제문화부는 출판, 조직, 선전부로 정비되었다. 북예맹의 국제문화부의 역할은 조소문화협회로 흡수된 것으로 추정된다. 이 밖에 각 동맹에는 전문분과위원회를 구성하였으며 북예맹의 지방조직은 그대로 문예총으로 승계되었다.

다. 북조선영화동맹

문예총 산하 영화조직인 북조선영화동맹은 1946년 9월 27일 북예맹 산하 영화부로 출발했다.[43] 북예맹이 문예총으로 개편되면서 산하 7개부는 동맹으로 승격되어 독립성을 갖추게 되었지만 영화동맹을 비롯하여 무용, 사진 동맹은 자체 역량 부족을 이유로 위원회로 격하됐다. 영화위원회는 1947년 1월 제1차 확대상임위원회를 전후하여 조직과 인원을 정비한 후, 역량 강화를 통해 영화동맹으로 격상되었다. 최초 북조선영화위원회의 조직은 아래와 같다.

— 北朝鮮映畵委員會

中央委員 : 朱仁奎, 申斗熙, 金承久, 尹默, 尹在英, 鄭準采, 朴運三, 金治根, 羅雄, 吳雄鐸, 李英俊, 尹基鼎, 李奎卨, 李成春, 朴完植, 姜湖, 洪弼善

常任委員長 : 朱仁奎, 書記長 : 申斗熙

常任委員 : 朱仁奎, 申斗熙, 金承久, 尹默, 尹在英, 鄭準采, 朴運三[44]

상임위원장은 일제강점기 〈아리랑〉 등에 출연했던 배우 주인규가 맡았다. 그는 함흥 출신으로 동생 주선규朱善奎와 함께 제2차 태평양노조사건으로 수감생활을 한 대표적인 영화인 출신 공산주의자였다. 1946년 1월, 주인규는 소련군정에 의해 조선민주당의 오영진을 대신하는 영화 담당자로 내정되었고 북조선영화사의 설립을 추진하였다. 그는 영화제작소 설립을 위해 함흥에서 평양으로 갔다.

⊙ 〈복지만리〉에서 주인규(오른쪽)와 오웅탁

중앙위원으로는 카프 출신인 나웅, 윤기정, 이규설, 박완식, 강호 등이 포진되어 있었다. 상임위원으로는 위원장 주인규, 서기장 신두희申斗熙와 함께 김승구金承久, 윤묵尹默, 윤재영, 정준채, 박운삼이 맡았다. 김승구는 극작가로 서울의 연극건설본부와 프로연극동맹에서 활동했으며, 월북 후 북한 최초의 예술영화 〈내고향〉의 시나리오를 썼다. 윤묵은 유치진이 이끌었던 극연좌, 현대극장 등에서 연출을 맡았던 인물이다.

윤재영, 정준채는 일제강점기 조영의 조수 출신으로 서울의 프로영맹에서 활동했으며 38이북 지역의 민전 촬영을 위해 파견된 인물들이고, 박운삼은 당시 평양대중극장 지배인이었다.

위의 명단을 보면 북한 지역의 기성 영화인들이 거의 없었음을 알 수 있다. 카프 출신의 영화인들은 무성영화시대에 활동하던 영화인으로 십여 년 전 이미 영화계를 떠난 사람들이었다. 영화위원회를 구성하기 위해서는 무성영화시대의 작은 경험이나마 중용할 수밖에 없는 상황이었다. 이를 증명하듯, 영화위원회 중앙위원인 나웅은 연극동맹의 중앙위원 겸 중앙상임위원이었으며 윤기정은 문학동맹 중앙위원, 이규설은 연극동맹 중앙위원, 강호는 연극동맹 서기장 겸 중앙상임위원이었다. 또한 영화위원회 상임위원인 김승구는 연극동맹의 부위원장이었으며 영화위원회 중앙위원인 김치근金治根은 연극동맹 총무부장이었다. 이를 통해 이들 영화위원회 간부들의 원래 소속이 어디였는지를 짐작할 수 있다.

북조선영화위원회는 영화동맹으로 승격된 뒤 산하에 연출분과위원회, 연기분과위원회, 기술분과위원회 이렇게 3개의 전문분과위원회를 두었다.[44] 영화동맹은 제작기관인 국립촬영소, 인민위원회 산하 북조선극장위원회(전 인민영화사)와 밀접한 관계를 가졌다. 이 제작, 배급 시설은 북조선영화동맹의 위원장인 주인규가 담당하였다.

(1) 제작조직

(가) 중앙위원회 선전부 영화반

앞서 언급했던 것처럼 북한 지역의 민전 결성을 촬영하기 위해 월북한 윤재영, 정준채 등 소장영화인들에 의해 1946년 1월, 조선공산당 북조선분국의 중앙위원회 선전부 영화반이 조직되었다. 총원 5명의 단출한 출발이었다.[45)]

일제강점기 영화제작은 철저히 서울을 중심으로 이루어졌기 때문에 해방 직후 북한 지역의 영화제작 기재와 설비는 아무것도 없었다. 이런 상황에서 일군의 젊은 영화인들이 카메라를 가지고 월북한 것이었다. 소군정의 지원으로 북한 지역 전체를 장악한 조선공산당북조선분국은 북한 지역의 역사적 사건들에 대한 기록과 역사자료 촬영의 필요성을 절감했다. 그래서 이들을 중앙위원회 선전부에 배속시켜 영화부 설치와 영화촬영을 지원했다. 특히 김일성은 선전부 영화반에 영화현상 설비와 영화촬영용 예산으로 10만 원을 특별 지급했다고 한다.[46)]

당시, 소련정부에서는 소군정 하의 북한 지역의 발전모습을 기록영화로 담기 위해 촬영반을 파견하였다. 선전부의 조선인 영화인들의 도움으로 만들어진 소련영화 〈북조선〉은 동유럽에까지 상영되어 소군정 하의 발전하는 북한 지역의 모습을 보여 주었다. 선전부 영화반은 이들과 협력하여 각종 기념행사와 같은 역사적인 기록물들을 촬영하였다. 〈우리의 건설〉, 〈해방된 대지〉, 〈민주선거〉 등은 선전부 영화반에서 제작한 기록영화이다.

〈우리의 건설〉은 2권 분량의 무성기록영화로 1946년 7월에 상영됐다. 그 내용은 평양시 3·1절 기념행사, 5·1절 기념행사, 보통강 개수공사 등 "급속히 장성하는 민주건설 면을 수록"[47)]하고 있다. 남한 지역에서 발행한 신문에 이 기록영화에 대한 상영기록이 있다.

北朝鮮共產黨中央委員會 宣傳部가 計劃 中이던 北朝鮮 最初의 歷史的 解放 記念 大記錄映畵는 이즈음 完成을 보았음으로 7일에는 각 政黨 (부분파손) 하여 試寫會를 開催하였고 해방1주년기념일인 8월 15일부터 北朝鮮 各地에서 一齊히 上映하기로 되었다.[48)]

위의 신문기록과 북한의 기록을 비교해 보면 1946년 7월 7일 첫 시사회가 있었으며 8월 15일 해방1주년 기념일에 북한 전 지역에서 일제히 상영되었음을 알 수 있다. 또 다른 기록영화 〈해방된 대지〉는 1946년 3월에 있었던 북한 지역의 토지개혁에 대한 내용이었으며 〈민주선거〉는 1946년 10월에 있었던 선거를 기록한 기록물이다. 위에 언급된 작품에 대해 서광제는 "비록 기술적으로 또는 예술적으로 결코 만족할 작품은 아니나 일제 기반에서 해방된 조선영화사에 있어서 중요한 한자리를 차지하는 작품인 것은 사실이다"[49)]라고 평가하였다.

1946년 8월, 북조선영화제작소[50)]가 창립되면서 선전부 영화반의 시설과 역할 모두 북조선영화제작소에 편입되었다.

(나) 북조선영화제작소

1946년 1월, 소련군정은 북한 지역의 영화제작 시설 건립을 위해 북조선영화사의 창립을 원조하면서 그 책임자로 주인규를 임명했다. 북한 지역 영화 책임자가 오영진에서 주인규로 바뀌는 순간이었다. 함흥에 있던 주인규와 이규설이 평양으로 내려와 북조선영화사의 설립을 추진하였다. 아래는 『중앙신문』에 보도된 기사이다.

朝鮮映畵界 草創期로부터 獨特한 演技者인 朱仁奎 氏는 八一五

以後 鄕里 咸興에서 建國治安에 많은 活躍을 하고 있던바 今番 蘇聯當局의 援助로 亦是 朝鮮映畵界에 많은 貢獻을 가진 演技者 李圭卨氏와 함께 北朝鮮映畵社를 創立하고자 準備 中에 있다한다.[51)]

북조선영화사는 일제강점기 이창근李昌根이 소유하고 있던 동양토키영화촬영소 건물에 영화제작 설비를 시설한 것이었다. 동양토키영화촬영소는 이창근이 양말 공장이었던 곳을 인수하여 촬영소로 개수한 곳이었다. 그곳은 130평 정도의 단일 건물로 방음장치를 위해 바닥은 대팻밥을 다져 깔았고 벽면은 짚을 두르고 천정은 철사로 줄을 쳐 짚을 덮었다.[52)] 동양토키영화촬영소의 장비 일체는 조선영화령으로 조선 내 모든 영화제작사가 통합되면서 조영에 인수되었다. 해방 직후, 그곳 촬영소는 아무런 기재 없이 방치되어 있었는데 주인규의 주도로 북조선영화제작소로 재탄생하였다. 그러나 아무것도 없는 상황에서 소군정의 도움으로 만들어진 영화촬영소는 설비와 인력에 있어 열악할 수밖에 없었다. 〈내고향〉을 감독한 강홍식의 회고는 당시의 상황을 짐작하게 한다.

해방 후 첫 예술영화 〈내고향〉이 나온 때로부터 어언 15여 년의 세월이 흘러갔다. 이 기간에 우리 촬영소의 면모는 얼마나 달라졌는가. 변변한 촬영 설비도 배우도 얼마 없었던 창립 초기의 '양말공장' 자리를 생각하면 정말 꿈만 같다.[53)]

1946년 8월, 북조선영화제작소가 창설되었고 기록영화와 시보

⊙ 〈북지만리〉에서 강홍식

영화를 제작하면서 가시적인 성과를 만들어 내었다. 북조선영화제작소는 시설과 기재, 인원을 확충하여 북조선국립영화촬영소로 발전하게 된다.

(다) 북조선국립영화촬영소

북조선국립영화촬영소는 북조선임시인민위원회 직속기관으로 1947년 2월 6일 「북조선국립영화촬영소설치에 관한 북조선인민위원회의 결정서」에 의하여 창설되었다. 결정서는 북조선국립극장, 북조선통신사, 보물, 고적, 명승, 천연기념물 보존령과 함께 문화발전보호책으로 발포된 것이다.[54] 아래는 결정서의 내용이다.

北朝鮮國立映畵撮影所 設置에 관한 決定書

北朝鮮臨時人民委員會決定 第178號

北朝鮮臨時人民委員會構成에 관한 規定 第7條에 依하여 이를 公布한다.

1947년 2월 6일

北朝鮮臨時人民委員會

委員長 金日成

書記長 姜良煜

조선민족영화를 발전시키기 위하여 1947년 2월 6일부터 북조선임시인민위원회 직속으로 북조선국립영화촬영소(조선필임)를 설치할 것을 결정한다.

◉ 북조선국립영화촬영소

1. 撮影所長으로 朱仁奎氏를 任命한다.

2. 1947年度의 撮影所建設 및 映畵製作費用으로 金25,878,345圓을 北朝鮮人民委員會 財政局에서 支出한다.

3. 本撮影所에 使用할 建物과 垈地는 平壤特別市人民委員會 委員長에게 責任지운다.

4. 撮影所長은 決定書 發布와 同時에 撮影所 建設에 對하여 國內에서 求得할수 있는 施設의 準備에 着手할 것이며 1947年 5月 末日까지 無聲 뉴-스 映畵 1篇을 製作할 것이다.

5. 1947年度 映畵製作計劃을 다음과 같이 세울 것

뉴스映畵15編 各 編은 300米로 할 것이며 上記의 15編 中 4編은 無聲, 11編은 發聲으로 製作할 것

6. 商業局 貿易部長은 撮影所長과 協議하여 映畵工作에 必要한 機材를 時急히 輸入하도록 할 것을 責任지운다

7. 興南人民工場長에 對하여 1947年 4月 末日까지 撮影所用으로 다음의 藥品을 生産할 것을 責任지운다.

가. 지오硫酸曹達(하이뽀)二屯半

나. 無水亞硫酸曹達 二屯半

다. 無水炭酸曹達 一屯半

8. 撮影所長은 每月 末日까지 北朝鮮人民委員會에 撮影所 建設 및 필름 製作에 關한 事業報告를 해야한다.[55)]

위의 결정서를 보면 영화촬영소 건설을 위해 북한 지역의 모든 조직이 전력을 다했음을 알 수 있다. 북조선영화제작소와 마찬가지로

국립영화촬영소장은 주인규가 임명되었다. 촬영소의 건설과 영화제작에 대한 모든 권한이 그에게 주어졌다. 부소장은 1946년 11월에 월북한 추민이 임명됐다. 북조선인민위원회 재정국에서는 촬영소 건설과 영화제작을 위해 25,878,345원의 지출이 결정되었다. 평양특별시인민위원회 위원장에게는 촬영소 대지 조성과 건물 신축의 임무가, 상업국 무역부장은 촬영소장과 협의하여 필요한 기재를 시급히 수입하는 책임이, 흥남인민공장에는 필름 현상 등에 필요한 화공약품의 생산이 맡겨졌다.

1948년 평양에서 열린 남북연석회의의 수행기자로 평양을 방문한 서광제가 남긴 기록을 보면, 국립영화촬영소는 평양 시외 하당리에 위치하고 있으며 부지 58,000평, 건평 2,000평 규모로 1948년 4월 현재 200여 명의 종업원으로 거느리고 있으며 종업원 중에는 순전한 노동자, 농민 출신으로 촬영기사 10명과 연출 8명이 있었다. 일제 말기 조영의

⊙ 건설중인 스튜디오

전직원수가 100명을 조금 넘은 것에 비한다면 인원수만 두 배가 넘는 수준이다. 또한 촬영소 내 영화연구소에서 수십 명의 영화예술가를 양성하고 있었다.[56] 이 영화연구소는 1949년 8월 1일 문화선전성 영화기술원양성소로 한층 발전하게 된다. 영화기술원양성소에서는 영화제작기술, 영화예술, 영화보급 등을 담당하는 인물을 양성하게 된다.[57]

촬영소의 기재와 필름은 소련에서 염가로 수입한 것이다. 서광제의 기록을 토대로 살펴보면 건립 당시 동양제일이라고 했던 240평 규모의 녹음스테이지에는 소련제 최신식 RCA형 녹음기가 배치되었는데 소련에서 15만 원에 들여온 것이다. 소련제 필름은 1피트당 85전에 수입되었다.[58]

기타 촬영소에 배치된 기재로는 영화 화면과 녹음한 필름이 동시에 인화되는 최신식 인화기 1대와 타이렛트 아이모 카메라 5대가 소

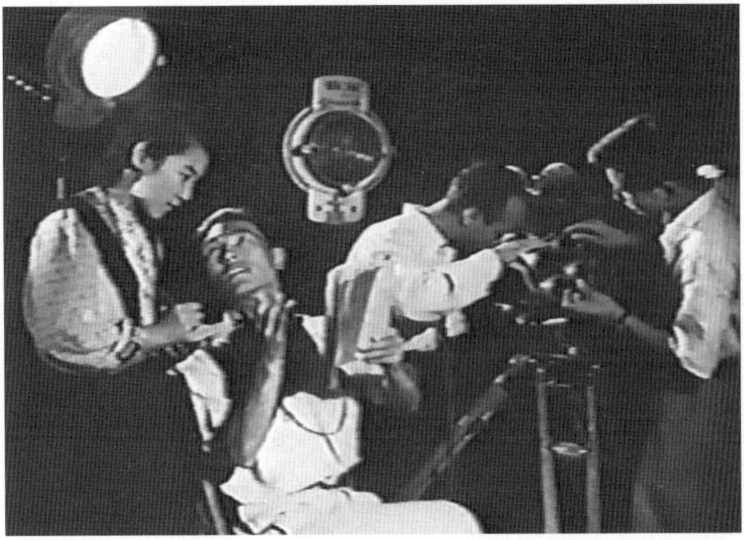

⊙ 북조선국립영화촬영소 근무자들

련에서 들어와 배치됐다. 조명은 총 120kW로 그 중에는 15kW 카본 라이트 4개가 있었다. 또한 새로 들어오기로 예정되어 있는 기재들 중에는 미첼형 촬영기 1대, 베르하호웰형 5대, 천연색 고속도, 미속도 자동 현상기 각 1대씩과 조명기 200kW도 있었다.[59]

1948년 인민경제계획에는 북조선영화촬영소의 설비 내용을 충실히 하기 위해 62,110,000원의 예산이 계상되었으며 1948년 8월 말까지 324평짜리 촬영스테이지 5동을 신축하고 1,000kW의 변전소 신설, 강과 해상 장면을 위한 300평짜리의 연못을 만들 계획이 포함되어 있었다.[60]

이 밖에 촬영소에는 기숙사, 식당, 도서실 등의 부대시설이 있었으며 5,000평 규모의 농원이 있어 영화촬영 외의 시간에는 농원에서 포도농사와 돼지, 오리, 닭을 길렀다. 농원에서 생산된 농축산물 중 연도별 계획량이 넘는 양은 촬영소 식당에서 사용할 수 있었다.[61]

북조선국립영화촬영소의 급속한 시설 확충은 소련의 적극적인 지원으로 이루어졌다. 소련은 각종 기재와 물자를 염가에 제공했을 뿐만 아니라 다수의 영화기술자들을 파견하여 최신 영화 기재의 사용을 지도했다.[62] 북한 최초의 예술영화 〈내고향〉이 만들어진 후, 문예총 기관지《문학예술》에 실린 〈내고향〉에 관한 평론에는 소련의 "형제적 호의"를 기록하고 있다.

> 撮影所의 모든 施設로부터 製作에 이르기까지 커다란 物質的 援助와 技術的 指導로써 아낌없는 幇助를 하여준 쏘聯의 兄弟的 好意의 結果이며 優秀한 쏘베트 映畵藝術의 先進的 理論과 技術에 對한

> 우리 映畫일꾼들의 眞摯한 硏究와 그 攝取의 結果로써 거두어진 成果이며 드디어 이 作品이 우리 人民들의 絶對한 歡呼와 支持를 받게 된 것은 決코 偶然한 일이 아니다.[63)]

위의 평가처럼 북조선영화촬영소 설립을 전후하여 영화제작에 필요한 각종 기재와 자재, 기술 지원이 소련으로부터 있었고 수입된 소련 영화를 연구하고 소련의 영화이론을 섭취하면서 선진 영화예술을 습득할 수 있었다. 이는 북한의 영화제작에 일정한 성과를 일궈낸 것이 사실이다.

그러나 영화의 처녀지에서 시작하는 영화제작은 한계를 내포하고 있었다. 가장 큰 문제는 부족한 영화 인력이었다. 기성의 영화감독, 영화촬영기사, 영화기술자는 드물었다. 앞에서 살펴본 바와 같이 영화동맹의 주요 간부 대부분이 무성영화시대에 활동하던 인물들이었다. 주인규, 강홍식 등 일제 말기까지 영화계에서 활동했던 인물들 대부분은 배우 출신들이었으며 윤재영, 정준채 등은 연출가, 촬영기사로 정식 데뷔하지 않은 조수들이었다. 오영진(시나리오), 이창근(감독) 등 조선민주당 출신의 영화인들 일부가 평양에 있었으나 이들은 감금되거나 감시 상태에 있었다.

국립영화촬영소 설립 직후, 오영진, 이창근과 같이 비협조적이거나 사상적으로 불순하다고 여겨지는 인물들을 심사를 통해 구축하고 조직을 정비했다. 카프 영화부 출신으로 국립영화촬영소 간부로 있던 박완식(필명 박철민)의 글을 통해 이를 살펴볼 수 있다.

> 北朝鮮映畵同盟에서는 國立映畵撮影所의 創建을 契機로하여 映畵製作을 爲한 基本的 建設事業에 獻身的으로 協調하는 一方 散漫한 盟員組織을 檢討整備하면서 思想的으로 藝術的으로 民主主義民族映畵事業을 擔當할수있는 健全한 映畵일꾼으로서 信賴할만한 映畵藝術家 技術人만을 網羅하기에 組織을 一層 强化하는데 많은 힘을 기울이게 되었던 것이다. 이 結果로 演出家 撮影技術者 演技者의 優秀한 新映畵人을 攝取獲得할수 있었으며 不純傾向과 不良作風에 對한 無慈悲한 對內 思想鬪爭으로서 非民主分子를 同盟으로부터 驅逐하여 映畵製作陣營의 思想的 結束을 鞏固化하게 되었다.[64]

위의 글을 통해 각 지역에 산재해 있던 기성 영화인들을 발굴하여 영화촬영소로 모으는 한편 신뢰할 만한 영화예술가, 기술인만을 망라하는 조직을 만들기 위하여 이들 기성 영화인들 중 불순경향과 불량작풍에 대해서는 무자비한 사상투쟁을 진행했고 비민주분자로 인정된 맹원은 동맹에서 탈퇴시켰음을 알 수 있다. 부족한 영화 인력에 대해서는 다른 예술 부문 예술인들을 영화예술 창조사업에 동원하였다.

영화동맹에서는 국립영화촬영소 건립을 전후로 당원 중에서 예술적 능력을 가졌다고 판단되는 인물들을 선발하여 촬영소에 배속시켜 기술을 익히게 하였고 시나리오 공모를 통해 신인 작가를 구하였다. 일례로 일제강점기 〈안해의 윤리〉(김영화 연출)의 시나리오를 썼던 전동민은 해방 후 평북 곽산에서 연극 활동을 하던 중 발굴되었다.[65] 1946년 조선노동당에 입당한 천상인은 강원도당학교를 나와 당기관에서 사업하던 중 1947년 국립영화촬영소 연출실장으로 소환되었다.[66] 시나리

오 작가 한상운은 북조선국립영화촬영소 건립기념 시나리오 공모를 통해 발굴되었다.[67]

◉ 천상인

국립영화촬영소에서는 창립 직후, 신인 발굴에 힘을 쏟았다. 촬영소 내에 영화연구소를 두고 영화간부 양성과 신인 영화인들을 배양하는 사업을 하여 1947년 11월 30일 영화연구소 1기 수료생을 배출하였다. 그러나 기록영화, 극영화, 시보영화 등의 제작에 온 힘을 쏟기 위해 2기생 모집을 일시 중지할 수밖에 없었다. 그러나 가중되는 인재난 기술난으로 인재양성 문제가 "절실히 요구되고 강력히 집행되어야 할 문제"로 떠올라 1948년 3월부터 신인양성을 위한 기술전습제技術傳習制가 조직적으로 실시되었다. 기술전습제는 국립영화촬영소의 연출, 촬영, 녹음, 현상, 조명, 편집 등 각 부문에 걸쳐 능력 있는 청년을 입소 배치시켜 이들과 기존 영화인들이 영화제작 사업을 함께 하며 최단기간 기술적으로 능숙해지도록 교육하는 제도였다.[68]

이 제도가 실시되었음에도 도제방식에 익숙한 기존 영화인들이 기술전수를 꺼려하자, 수차에 걸쳐 '폭로비판회'를 개최하여 기술전수를 꺼려하는 기존 영화인들을 비판하고 최저 6개월을 목표로 일급조수 실력으로 배양하도록 하였다.[69]

이처럼 국립영화촬영소 건설 전후로 북한 전역에 산재해 있던 기존 영화인을 발굴하고 기술전습제를 실시하여 신인을 양성하는 등 인재 발굴과 육성에 심혈을 기울였다. 그러나 대부분의 영화인들이 서울

⊙ 한형모

에 있었기 때문에 영화 창작에 참여할 우수한 인재는 여전히 부족했다. 극영화를 제작하기 위해서는 서울에 있는 능력 있는 영화인들의 도움이 필요했다. 북조선영화동맹 위원장인 주인규는 해방 전 고려영화협회 시절부터 영화를 함께 하며 긴밀한 관계를 유지했던 영화감독 최인규를 평양으로 데려오기 위해 최인규와 동향인 신의주 출신 촬영기사 한형모를 서울에 파견하기도 했다.[70]

국립영화촬영소 사업을 전개하면서 발생하는 문제는 또 있었다. 국립영화촬영소장인 주인규가 1년간의 촬영소 사업을 회고하면서 쓴 글[71]에 그 문제들이 언급되어 있다. 주인규의 글에는 앞서 언급한 영화 인력 부족과 함께 영화제작에 필요한 기재가 적시에 공급되지 못하여 발생하는 문제 등을 꼽고 있는데, 예를 들면 자동현상기가 도입되지 않아 필름현상과 복사를 "낮은 수공업적 방법"으로 해결해야 했고, 이동식 녹음기가 없어 현장 녹음을 위해 일일이 녹음기를 운반하여 기계의 파손을 가져와 녹음사업에 지장을 초래했다고 한다. 그 외 영화촬영소 재정에 있어 독립채산제가 수립되지 못한 문제, 복잡한 정치 정세로 사업 범위가 날로 확대되어 뉴스영화 등이 제때에 공급되지 못하고 질적 수준이 떨어지는 문제를 결함으로 꼽았다.

국립영화촬영소에서 제작된 주요 영화를 연도별로 살펴보면, 1947년에는 기록영화 〈인민위원회〉 등이 있다. 1948년에는 기록영화 〈인민군대〉, 〈자라나는 민주모습〉, 〈남북연석회의〉(천상인 연출), 〈38선〉,

〈영원한 친선〉, 〈민주건국〉, 〈홍광〉 등이 있다. 1949년에는 기록영화 〈빛나는 승리〉, 〈1949년의 5·1절〉(천상인 연출), 〈수풍댐〉(천상인 연출), 〈1949년의 8·15〉 등과 북한 최초의 문화영화 〈뇌염〉, 북한 최초의 예술영화 〈내고향〉(김승구 시나리오, 강홍식 연출, 고형규 촬영)이 있다.[72] 1950년에는 예술영화 〈용광로〉(김영근 시나리오, 민정식 연출, 최순홍 촬영), 〈초소를 지키는 사람들〉(강홍식 시나리오, 주인규 연출, 고형규 촬영)과 기록영화 〈아세아 녀성대회〉(천상인 연출), 〈세계민청대회〉, 〈1950년 2·8절〉, 〈광산철도〉, 〈5·1절〉 등이 있다.[73] 이 밖에 각종 뉴스영화들이 제작됐다.

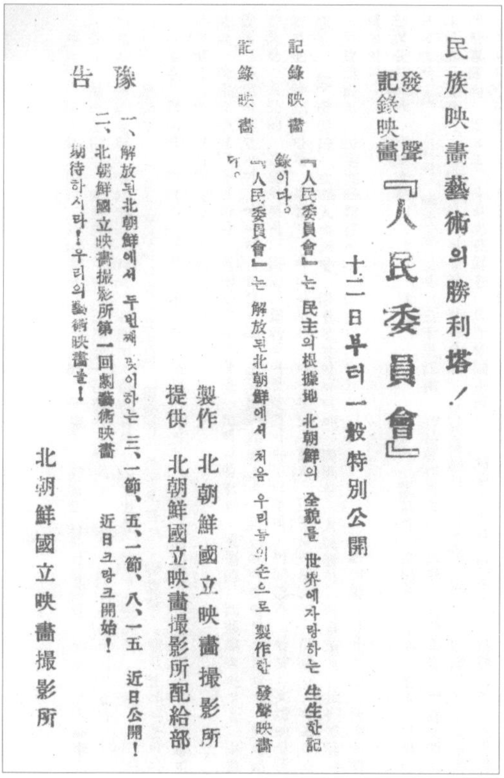
民族映畵藝術의勝利塔！

發聲記錄映畵『人民委員會』 十二日부터一般特別公開

記錄映畵『人民委員會』는 民主의根據地 北朝鮮의 全貌를 世界에자랑하는 生生한記錄이다。

記錄映畵「人民委員會」는 解放된北朝鮮에서 처음 우리들의손으로 製作한 發聲映畵다。

製作 北朝鮮國立映畵撮影所

提供 北朝鮮國立映畵撮影所配給部

豫告

一、解放된北朝鮮에서 두번째 맞이하는 三、一節、五、一節、八、一五 近日公開！

二、北朝鮮國立映畵撮影所第一回劇藝術映畵 近日크랑크開始！

期待하시라！우리의藝術映畵를！

北朝鮮國立映畵撮影所

⊙ 최초의 발성 기록영화 〈인민위원회〉 잡지 광고

이 중 최초의 발성 기록영화 〈인민위원회〉는 1947년 2월의 북조선도시군인민위원회 성립 등을 수록한 작품으로 해방 2주년 기념으로 1947년 8월 12일 일반에 공개되었다.[74] 〈자라나는 민주모습〉, 〈남북연석회의〉 등도 동시녹음으로 제작된 발성 기록영화이다.[75] 또한 정준채가 만든 〈5·1절〉은 북한 최초의 천연색영화이다.[76]

(2) 배급조직

(가) 북조선극장위원회[77]

국립영화촬영소에서 제작된 영화와 소련 등지에서 수입된 모든 영화는 당과 국가의 배급기관을 통해 전국의 극장, 이동영사대에 공개됐다.

북한의 배급기관은 1945년 11월에 만들어진 인민영화사를 모태로 하고 있다. 소련영화의 독점 배급을 위해 만들어진 인민영화사는 삼일기업사 사장 박정호에 의해 운영되었다. 삼일기업사는 사기업이지만 실제 북조선공산당의 자금 동원을 위해 운영되던 회사였다. 인민영화사의 수익 중 많은 부분은 문예총과 조소문화협회에 지출되었는데 북조선극장위원회로 바뀌기까지 매월 20만 원씩을 지출하였다.[78]

1946년 7월, 조선공산당북조선분국 내에 5명으로 구성된 영화보급협회가 조직되었다.[79] 영화보급협회의 조직은 당에 의해 지도 받는 최초의 영화배급기관의 탄생을 의미하는 것이었다. 1946년 8월 10일 주요 산업 국유화가 선포되면서 전국의 영화관, 극장 등 영화보급거점들과 수단들이 국유화되어 국가적인 통제에 들어오게 되었다. 더불어 영화제작과 보급이 인민경제계획의 한 부분이 되었다.

①

②

③

④

① 〈제2차세계청년대회〉
② 〈아세아 녀성대회〉 신문광고
③ 〈류행성 뇌염〉 신문광고
④ 〈용광로〉 신문광고

1946년 12월 명목상 사영私營으로 운영되던 인민영화사와 영화보급협회가 통합하여 북조선극장위원회로 개편되었다. 주인규가 위원장, 월북한 추민이 서기장에 임명되었다. 해방 직후부터 조선공산당이 주장하던 제작과 배급의 일원화와 국가관리가 비로소 이루어진 것이다.

북조선극장위원회의 조직은 《조선문학》 창간호를 통해 개략적인 모습을 확인할 수 있다.[80] 극장문화 건설과 영리주의 배격을 모토로 한 북조선극장위원회는 중앙의 북조선극장위원회와 산하 7개 지역의

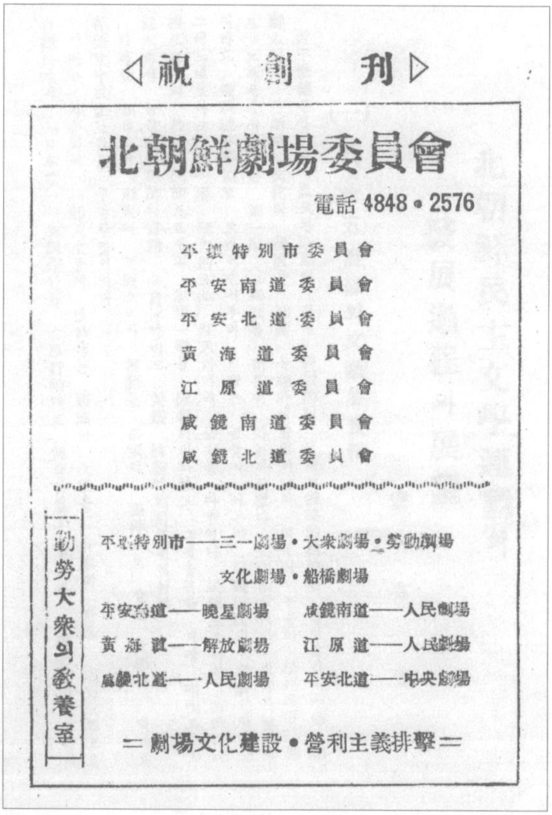

◉ 《조선문학》 창간호에 실린 북조선극장위원회 광고

위원회가 있었다. 1947년 현재, 지역 위원회로는 평양특별시위원회, 평안남도위원회, 평안북도위원회, 황해도위원회, 강원도위원회, 함경남도위원회, 함경북도위원회가 있었다. 위원회 소속 주요 극장으로는 평양특별시의 삼일극장, 대중극장, 노동극장, 문화극장, 선교극장, 평안남도의 효성극장, 함경남도의 인민극장, 황해도의 해방극장, 강원도의 인민극장, 함경북도의 인민극장, 평안북도의 중앙극장이 있었다.

(나) 조소문화협회(콕스)

공식적인 배급기관은 아니지만 소련문화의 창구 역할을 수행했던 조소문화협회 역시 빠뜨릴 수 없다. 많은 수의 소련영화가 조소문화협회를 통해 상영되었기 때문이다.

조소문화협회는 1945년 11월 11일 소련과의 문화, 예술 교류를 목적으로 창립되었다. 초대 위원장은 지주 출신 황갑영, 부위원장은 평남지구 조선공산당의 간부 김봉점이었다.[81] 창설 당시 조소문화협회는 부르주아 지식인들 중심이었으며 360명의 회원을 거느리고 있었다.[82]

조소문화협회의 회원들이 주로 지주, 자본가 출신의 부르주아 계급이었던 관계로 1946년 토지개혁을 전후하여 황갑영을 비롯한 많은 수의 인물들이 월남하면서 조소문화협회는 혼란을 겪는다. 그러나 중앙조직을 정비하고 각 지방과 공장 등의 조직에 힘쓰면서 1946년 말에는 정상적으로 기능하였다. 이는 문화계의 실세인 이기영이 위원장에, 이찬이 부위원장에 임명되어 중앙조직을 강화했기 때문이다.

1947년 5월까지 조소문화협회의 조직을 살펴보면 중앙 5개국(조직국, 선전선동국, 번역국, 출판국, 총무국), 34개 지부(6개도 28개 시)에 회원 25,000명, 1948년 7월 중앙관리국, 107개 지역지부(6개도, 12개시, 89개군), 4,690개

⊙ 조소문화협회 기관지 《조소문화》

공장지부, 13,337개 시 및 농촌 초급단체 등으로 확대되고 회원수도 756,352명에 이르렀다.[83)]

조소문화협회의 활동은 기관지인 《조소문화》의 출판 사업을 비롯하여 전람회사업, 영화사업, 강연회사업, 기념사업각종행사, 러시아어보급, 라디오방송사업, 도서관사업 등이 있다. 《조소문화》 1947년도 10월 혁명 특집호에 게재된 1947년 2월 7일부터 1947년 9월 30일까지 협회의 자세한 사업 내용은 아래와 같다.

1. 展覽會事業

各種 記念展覽會를 中心으로 蘇聯聯邦事情展, 蘇聯體育寫眞展, 蘇聯人民教育寫眞展, 人民의 나라 蘇聯, 레-닌 生活과 그의 活動, 蘇聯科學硏究所展, 蘇聯藝術寫眞展, 蘇聯農業寫眞展, 再建 스탈린그라드 寫眞展, 모스크바 寫眞展, 蘇聯各共和國紹介寫眞展, 選擧寫眞展, 反파쇼蘇聯大展覽會, 北朝鮮民主建設寫眞展, 蘇聯女性寫眞展, 蘇聯美術寫眞展覽會 等으로 216回에 動員人 數 787,623名

2. 映畵事業

五一節, 勝利의 觀兵式, 解放된 유고슬라비아, 石花, 怪魔征服, 偉大한 轉換, 蘇獨攻擊戰과 뉴-스 等으로 147回에 216,748名을 觀

覽시켰는데 이 事業에는 朝鮮말로 모두 解說을 하였다.

3. 講演會事業

蘇聯事情紹介講演會, 蘇聯視察團歸還講演會, 訪蘇醫師團歸還講演會, 訪蘇教員團歸還講演會 等으로 178回에 102,090名의 聽衆

4. 記念事業 各種行事

蘇聯文豪革命家들의 誕生 記念, 逝去 記念, 蘇聯音樂使節團, 蘇聯演劇團, 朝蘇各種 親善事業 等 71回로 75,669名

5. 露語普及

6. 라디오 放送事業

7. 圖書館事業

露語原書와 其他 外國語와 朝鮮書籍으로 蘇聯研究에 必要한 書籍具備, 圖書館數 17, 藏書 12,754卷

8. 講座事業

世界民主勢力의 一環으로써의 朝鮮, 東歐羅巴에 對하여, 朝鮮古典文學의 正當한 繼承을 爲하여 소비에트 社會主義經濟體系의 特性과 優越性, 復興期 蘇聯文學, 蘇聯에서의 自然科學의 發展, 蘇聯事情紹介, 볼셰비키黨史, 新民主主義에 對하여, 蘇聯의 國家構造, 蘇聯의 工業, 蘇聯은 多民族國家이다 等 이러한 蘇聯을 中心으로 되는 國際情勢와 蘇聯의 政治 文化 經濟面에 걸친 모든 成果를 紹介攝取하기 爲한 大衆的 文化講座 112回 10,884名의 聽衆이였고 其他 展覽會製作事業과 宣傳資料配布事業 組織事業 出版物狀況等은 上記한바와 같다.[84)]

위의 기록을 통해 조소문화협회가 공산주의 종주국인 소련의 문화, 예술, 정치, 경제 등 전 분야의 보급기관으로써 활동한 것을 확인할 수 있다. 특히 소련영화 상영회는 조소문화협회의 중요한 사업이었다. 이는 영화가 가지고 있는 선전성이 소련문화와 공산주의의 우월성 등을 알리는 데 큰 역할을 했기 때문이다.

조소문화협회에서 상영된 작품은 기록영화와 뉴스영화 위주였으며 몇 편의 극영화가 상영됐다. 1947년 2월 7일부터 1947년 9월 30일까지 8개월간 조소문화협회를 통해 상영된 영화는 소련에서 제2차 세계대전 직후 제작된 영화인 〈5·1절〉, 〈승리의 관병식〉, 〈해방된 유고슬라비아〉, 〈석화〉, 〈괴마정복〉, 〈위대한 전환〉, 〈독소공격전〉 등이었으며 총 147회에 216,748명이 관람했다.

북조선극장위원회에서 수입하여 상영된 소련영화는 1948년 현재 10원의 관람료를 지불해야했는데 조소문화협회를 통해 상영하는 영화는 무료로 관람할 수 있었다.[85]

(3) 상영조직

(가) 극장

해방 당시 북한 지역의 극장은 남한 지역과 마찬가지로 대부분 일본인 소유였다. 소련군에 의해 해방된 북한 지역에서 일부 극장은 조선인들이 접수하여 운영하기도 했으나 대부분 소련군에게 명도되어 운영되었다. 극장에서는 주로 소련군이 가지고 온 소련의 전쟁기록영화가 상영되었다.

북한 지역에서 극장, 영화관은 1946년 발포된 김일성의 20개조

⊙ 평양신사가 있던 자리에 세워진 모란봉극장

정강 17조에서 "민주문화 과학 및 기술을 전적으로 발전시키며 극장 도서관 라디오 방송국 및 영화관 수효를 확대시킬 것"이라고 명문화하면서 건설이 폭발적으로 늘었다. 선전 선동의 장인 극장은 근로대중의 교실 역할을 하기 때문이었다.

1946년 8월 10일, 중요산업국유화법령 발포로 극장과 영화관은 공식적으로 국유화되었다. 1946년 2월에 조직된 북조선임시인민위원회는 토지개혁을 성공적으로 끝내고 그 다음으로 북한 지역의 산업, 문화 시설에 대한 국유화에 착수했다. 아래는 1946년 8월 10일 발포된 북조선임시인민위원회결정 제58호의 주요 내용이다.

> 北朝鮮臨時人民委員會는 産業, 交通, 運輸, 遞信, 銀行 等의 國有化에 對하여 다음과 같은 法令을 發布한다.
>
> 日本國家와 日本人의 私人 및 法人 等의 所有 또는 朝鮮人民의 反

逆者 所有로 되어있는 一切의 企業所, 鑛山, 發電所, 鐵道, 運輸, 遞信, 銀行, 商業 及 文化機關 等은 全部 無償으로 沒收하여 이를 朝鮮人民의 所有 卽 國有化한다.

本 法令은 發布日부터 有效로 함.[86]

일본 국가와 일본인 소유 또는 조선인민의 반역자 소유로 되어있는 일체의 것은 법령 발포로 즉시 국유화되었다. 여기에 극장과 영화관이 포함되었다. 서광제가 쓴 『북조선기행』에서 1947년 6월 현재 소유자별 상설영화관 수를 확인할 수 있다. 상설영화관 수 총 105개소 중 개인 소유 극장 37개소, 국유화 68개소로 기록되어 있다. 개인 소유 극장은 문화단체 등에서 경영하는 극장으로 추정된다. 국유극장은 인민위원회 선전부 소속의 북조선극장위원회에서 운영하였다.[87] 소련군이 철수하기 시작하면서 소련군에게 명도되었던 극장들 또한 북조선극장위원회가 접수하였다. 그러나 일부 극장은 여전히 소련인이 운영하였다.[88]

해방 당시 극장은 주로 대도시에 집중되어 있었다. 북한에서는 영화를 선전 선동 수단으로 이용하기 위해 영화관 증설에 나섰다. 1949년까지 시, 군을 막론하고 영화관이 설치되었으며 각 직장, 농촌에도 영화관이 설치되었다. 1948년 한 해에만 아오지탄광, 창덕광산, 청진방직공장, 북중제재공장, 남포제재공장 등 수십 개소의 직장에 상설영화관이 설치되었다.[89] 이 상설 영화관은 짧은 기간에 다량으로 지어졌기 때문에 시설의 낙후성, 보건 위생의 미비 상태를 벗어나지 못하였다.[90] 해방기 북한 지역의 극장수의 변화를 살펴보면 아래 표와 같다.

〈표 3〉 해방기 북한 지역의 극장 변화[91]

구 분	단위	1946	1947	1948	1949
극장 및 영화관수	개소	83	107	116	121
지역별 영화관 수	개소				
평양시		6			7
평안남도		5			9
평안북도		13			17
자강도		–			4
황해남도		5			6
황해북도		3			6
강원도		12			13
함경남도		20			23
함경북도		17			22
양강도		–			3
개성시		–			–
총 계		81			110

1948년 당시 북한 지역의 영화관람요금은 10원, 기타 특별흥행 요금은 40~50원 정도이다. 이 중 극장거래세(입장세)는 시 소재 극장은 30%, 그 외 소재 극장은 15%이며 세금징수는 매일 이루어졌다.[92] 당시 남한 지역의 입장세는 100%에 달해 문제가 됐다.

(나) 이동영사대

영화를 통한 선전 선동을 위해 북한 지역에서는 각 직장, 농촌 지역에 상설 영화관 설립과 더불어 극장을 지을 수 없는 산간오지 등에 이동영사대를 파견하였다. 이동영사대는 1946년 북조선극장위원회가 설립되고 그 직속으로 이동영사대를 두면서 시작되었다. 그러나 초기 영사기와 영사기사의 부족으로 이동영사대의 운영은 미비했으며 본격적으로 운용되기 시작한 것은 1948년 북한정권 설립 후로 보인다. 1946년부터 1948년까지는 이동영사대의 능력 배양기로 이동영사에 필요한 영사기 등을 구비하는 데 그 역할이 집중되었을 것으로 보인다. 아래 표는 1946~1949년까지 이동영사의 상영 횟수와 동원 인원수이다.

〈표 4〉 1946~1948년 이동영사의 상영 횟수와 동원 인원수[93)]

구분	영사기수	상영 횟수	동원 인원
1946	–	333	133,000
1947	16	1,411	345,600
1948	25	2,482	2,321,459

⦿ 이동영사대

1948년 북한정권이 들어서고 문화선전국이 문화선전성으로 확대 개편되면서 기구, 사업, 활동 지역이 확장되었고[94] 이동영사대의 조직 역시 본격화되었다. 1949년 이동영사조는 전년보다 13개조가 늘어난 38개조[95]로 확대 설치되었으며 그 결과 1946년 대비 영화 관람자수가 2배 넘게 늘게 된다.[96]

3. 영화인 조직의 완성과 예술영화 제작

가. 고상한 사실주의

북조선영화동맹은 국립영화촬영소, 북조선극장위원회, 극장과 이동영사대로 제작, 배급, 상영 일체를 일원화하였다. 약간의 시행착오를 겪긴 했지만 1947~48년 서울에서 많은 영화인들이 월북했고 국립영화촬영소의 시설과 설비도 착착 완비되어 갔다. 인원과 촬영 기재의 부족으로 기록영화 찍기도 버거운 상황에서 벗어나 본격적인 예술영화 제작에 들어갈 준비가 된 것이다. 시나리오가 필요하였다. 북한의 문학예술의 근본방침은 고상한 사실주의였다. 고상한 사실주의는 사회주의 국가 건설에 도움이 되는 전형적인 인물의 형성을 목적으로 한다. 그 전형적인 인물이란 아래와 같다.

> 고상한 사실주의란 1946년 12월 3일 제14차 당 중앙위원회 상무위원회에서 결정한 바 있는, 새로운 민족적 기풍을 가진 전형적인 인

간의 창조이다. 그 전형은 물론 김일성을 가리키지만, 1949년 12월 「현 시기 문학예술인들 앞에 나서는 몇 가지 과업」에서 구체화된다. 그 과업은 첫째, 노동자, 농민을 비롯한 근로인민들의 투쟁 모습을 형상화한 작품의 창작, 둘째, 사회의 민주화와 조국의 통일을 위하여 투쟁하는 남반부 인민들을 형상화한 작품의 창작, 셋째, 인민군대를 형상화한 작품의 창작이다.[97)]

⊙ 북한 최초의 예술영화 〈내고향〉

북한 최초의 예술영화 〈내고향〉은 고상한 사실주의의 원칙을 충실히 따르면서 최초라는 수식어에 걸맞게 김일성의 지대한 관심을 통해 제작되었다. 북한의 기록에는 1947년 봄, 김일성이 시나리오 창작에 도움을 주기 위하여 항일무장투쟁 이야기를 한밤을 꼬박 새우며 들려줬으며 "항일혁명투사를 촬영장에 파견"하여 영화촬영에 도움을 주기도 하였다고 한다.[98)]

〈내고향〉의 시나리오 창작과정을 통해 당과 정부에서는 시나리오를 전담할 창작위원이 필요함을 느꼈다. 1948년 6월, 북조선 인민위원회 문화선전국 극장관리처 안에 비상설기구인 시나리오 창작위원회가 만들어졌다.[99] 위원장은 문화선전국장이 겸임하도록 했으며,[100] 시나리오 창작위원으로는 촬영소 소장인 주인규를 비롯하여 김승구, 강홍식, 김영근,[101] 윤두헌 등이 있었다.[102] 김승구는 최초의 예술영화 〈내고향〉의 시나리오를 썼고, 김영근은 북한의 두 번째 예술영화 〈용광로〉, 강홍식은 세 번째 예술영화인 〈초소를 지키는 사람들〉의 시나리오를 썼다. 이 작품은 제작이 완료됐지만 6·25전쟁으로 개봉 여부가 알려지지 않았다.

⊙ 김승구

⊙ 김영근

⊙ 북한의 영화 잡지 《영화예술》

나. 예술영화 제작

1949년 여름, 북한 최초의 예술영화(극영화) 〈내고향〉이 일반에 공개됐다. 그해 말에는 예술영화 〈용광로〉가 제작 완료되었다. 해방 직후, 영화제작 시설과 자재, 인력이 전무한 상태에서 4년 만에 일궈낸 성과였다. 북한 최초의 예술영화 〈내고향〉은 동시기 남한영화에 비해 월등히 우수했다. 이는 국립영화제작소가 만들어지면서 최신의 시설과 자재가 수입됐으며 서울의 영화인들이 대거 월북하여 인력을 풍부히 했기 때문이다.

⊙ 태을민

⊙ 박학

⊙ 심영

〈내고향〉은 1930년대를 배경으로 항일무장투쟁에 참가하는 '관필'을 주인공으로 하고 있다. 주인공 '관필'이 지주에 맞서다 투옥되어 그곳에서 한 독립운동가를 만나 항일유격전에 나서고 해방을 맞는다는 내용이다.

이 작품은 "당초에 출연 예정하였던 중요한 연극배우들이 촬영에 참가하지 못했고 소도구 기타 자재의 불비不備, 전력 사이클의 부조不調, 사운드 필름의 불여의不如意, 로케이션의 일기불순 등의 곤란"[103]에도 불구하고 불과 2개월의 짧은 기간에 촬영이 완료되었다.

시나리오는 월북 극작가인 김승구, 감독은 일제강점기 배우로 유명한 강홍식, 촬영은 고형규, 미술은 윤상열이 맡았다. 출연진으로

⊙ 〈내고향〉 세트 촬영 모습

는 당시 최고의 스타인 문예봉(옥단), 심영(김학준)을 비롯하여 유경애(관필모), 유원준(관필), 박학(지주 아들), 태을민(지주) 등이 출연하였다.

이 작품의 원래 제목은 〈고향〉이었는데 김일성이 이기영의 소설 〈고향〉이 있으니 〈내고향〉으로 하는 것이 좋겠다고 하여 제목이 〈내고향〉으로 바뀌었다. 또한 첫 장면에 조선의 아름다운 풍광을 보여주고 영화의 말미에는 해방 후 발전하는 조선의 모습을 보여주는 것이 좋다고 하여 영화에 기록영화의 장면이 삽입되기도 하였다.[104)]

〈용광로〉는 "최초의 인민경제계획인 1947년도 인민경제계획을 빛나게 넘쳐 수행하기 위한 영웅적 로동계급의 형상에 받쳐진 영화"[105)]로 "황해제철소 노동자들의 영웅적 생산투쟁에서 취재한"[106)] 내용을 토대로 만들어진 작품이다. 1949년 10월 중순부터 촬영을 시작한 〈용광로〉는 강선제강소와 황해제철소 등지에서 배우, 스태프가 현실 체험을 했고 수십 번의 합평과 수정을 거쳐 완성되었다.[107)]

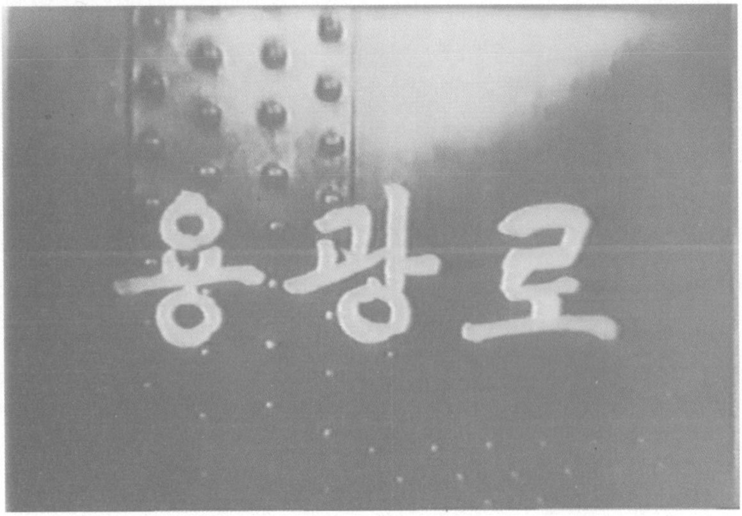

⊙ 예술영화 〈용광로〉 타이틀

문화선전성 기관지《선전자》1949년 2월호에 〈용광로〉의 광고가 실려 있다. 총지도 윤묵, 시나리오 김영근, 연출 민정식, 촬영 최순흥, 미술 윤상열, 음악 김순남이 맡았다. 연출, 촬영, 미술, 음악 등 주요 제작진과 박학을 비롯한 배우진 대부분이 1948년 단독 정부 수립 직전 월북한 인물들이었다. 특히, 윤상열과 김순남은 최고인민회의 대의원이었다.

⊙ 황철

〈초소를 지키는 사람들〉은 강홍식 시나리오, 주인규 연출, 고형규 촬영으로 38선 부근의 초소를 배경으로 한 작품이다. 박학이 출연하였다.[108)]

이기영이 북한의 토지개혁을 소재로 하여 쓴 소설 〈땅〉은 김승구에 의해 각색되어 촬영에 들어갔으나 6·25전쟁이 한창이던 1950년 7월, 예술인들이 전선으로 투입되면서 촬영이 중단됐다. 이 작품에는 당대 최고 배우인 황철이 캐스팅되었다고 한다. 아래는 황철의 회고이다.

> 밖에는 6월의 햇볕이 쨍쨍 내려 쪼이는데 내가 있는 무대 안은 마치 딴 세계와 같이 컴컴하다. 두터운 철문이 닫혀져 있는 이 속은 미풍이 살랑거리는 바깥과는 별세계로 낮과 밤을 구별할 수조차 없다. 촬영 개시의 신호가 울리자 무대 한 구석에 지어 놓은 물레방아간에는 수십 개의 강한 조명등이 켜진다. 곧 촬영이 시작되는 것이다. 소리도 없이 돌아가는 카메라 앞에는 병이 들어 앓으면서도 쉬지 못하고 물레방아에 주인 집 쌀을 찧고 있는 머슴꾼 곽바위가 나타난다.[109]

위의 글을 통해 1950년에는 국립영화촬영소의 스튜디오가 완성되었고 동시녹음으로 영화촬영이 이루어질 정도의 시설과 자재가 확보됐음을 알 수 있다.

1)『독립신보』, 1946. 8. 17.

2) 주봉호,『북한정치경제론』, 형성출판사, 2005, 99쪽.

3) 김윤식,『해방공간 한국 작가의 민족문학 글쓰기론』, 서울대학교 출판부, 2006, 9~10쪽.

4) 프롤레타리아예술동맹은 1945년 9월 17일, 중앙문화협회는 1945년 9월 18일 조직을 결성하였다.

5) 오영진은 결성 당시 서울에 있었는데 귀향 후 가입한 것으로 추정된다.

6) 박남수,『적치 6년의 북한문단』, 보고사, 1999, 37~38쪽.

7) 위의 책, 41쪽.

8) 오영진,『소군정하의 북한—하나의 증언』, 중앙문화사, 1952, 128쪽.

9) 오영진,「북한 연극계의 비판」,『오영진 전집 5』, 범한서적, 1989, 293쪽.

10) 박남수, 앞의 책, 44쪽.

11) 오영진, 앞의 책, 130쪽.

12) 오영진,『소군정하의 북한—하나의 증언』, 중앙문화사, 1952, 137~138쪽.

13) 강인구,「1940년도 후반기에 북한과 소련의 문화 협력」, 상트-페쩨르부르그 대학 박사학위논문, 1995, 28쪽. 정태수,「스탈린주의와 북한 영화 형성 구조 연구」,《영화연구》18호, 2002, 137~138쪽. 재인용

14) 오영진, 앞의 책, 150~155쪽.

15) 위의 책, 133쪽.

16) 김석형 구술,『나는 조선노동당원이요』, 선인, 2001, 301~306쪽.

17) 김영혁,「북조선에서 본 소련영화」,《신천지》, 서울신문사, 1946. 4.

18) 오영진, 앞의 책, 133~134쪽.

19) 박남수, 앞의 책, 53쪽.

20) 임경석,『이정 박헌영 일대기』, 역사비평사, 2004, 220~221쪽.

21) 김남식,『남로당 연구』, 돌베개, 1984, 51~58쪽.

22) 위의 책, 59쪽.

23) 박남수, 앞의 책, 71쪽.

24) 오영진, 앞의 책, 131쪽.

25) 안함광,「북조선 민주문학운동의 발전과정과 전망」,《조선문학》창간호, 1947, 267쪽.

26) 소설가 최명익(崔明翊)의 오식.

27) 김남인(金嵐人)으로 추정 됨.

28) 카프 출신, 철민 박완식(朴完植)으로 추정된다.

29) 『조선인민보』, 1946. 4. 15.

30) 안막, 「조선문학과 예술의 기본임무」, 《문화전선》 창간호, 1946. 7, 6쪽.

31) 위의 글, 6쪽.

32) 북예맹의 조직체계에 관해서는 「북조선예술총연맹규약」을 참조하였다.

33) 안함광, 앞의 글, 268쪽.

34) 「제2차 북조선예술총연맹 전체대회초록」, 《문화전선》 3집, 북조선문학예술총동맹, 1947, 89쪽.

35) 위의 문건, 91쪽.

36) 민주주의 민족전선 편집, 『해방조선Ⅱ』, 과학과 사상, 1988, 489~490쪽.

37) 오영진, 앞의 책, 133쪽.

38) 안함광, 앞의 글, 269쪽.

39) 위의 글, 272쪽.

40) 위의 글, 272~273쪽.

41) 《문화전선》 2집, 북조선문학예술총동맹기관지, 1946, 50쪽, 77쪽.

42) 『조선중앙연감』, 1950, 360쪽.

43) 《문화전선》 2집, 북조선문학예술총동맹기관지, 1946, 50쪽, 102쪽.

44) 『조선중앙연감』, 1950, 360쪽.

45) 소희조, 「위대한 수령님께서 개척하신 주체영화예술」, 《조선영화》, 1997. 4, 22쪽.

46) 위의 글, 22쪽.

47) 『조선중앙연감』, 1949, 145쪽.

48) 『독립신보』, 1946. 7. 9.

49) 서광제, 『북조선기행』, 청년사, 1948, 133쪽.

50) 이효인(『한국영화의 풍경 1945~59』)과 민병욱(『북한영화의 역사적 이해』)은 북조선영화제작소를 기록영화촬영소로 기록하고 있다. 북조선영화제작소는 국립영화촬영소가 설립되면서 국립영화촬영소로 편입됐으며 전쟁 후 폐허가 된 국립영화촬영소는 1957년 재건되면서 예술영화촬영소, 기록영화촬영소로 분리되었다. 이후 기록영화촬영소는 그 기원을 북조선영화제작소가 만들어진 1946년 8월로 두고 있고, 예술영화촬영소는 북조선 국립영화촬영소가 설립된 1947년 2월로 두고 있다.

51) 『중앙신문』, 1946. 1. 18.

52) 한국예술연구소 편, 『이영일의 한국영화사를 위한 증언록—유장산/이경순, 이창근, 이필우 편』, 도서출판 소도, 2002, 148~150쪽.

53) 최척호, 『북한영화사』, 집문당, 2000, 37쪽.

54) 서광제, 앞의 책, 101쪽.

55) 「북조선 국립 영화촬영소 실지에 관한 결정서」, 『북한관계 사료집 5』, 국사편찬위원회,

865~866쪽.

56) 서광제, 앞의 책, 100쪽.

57) 소희조, 앞의 글, 21쪽.

58) 서광제, 앞의 책, 103쪽.

59) 위의 책, 104쪽.

60) 위의 책, 104쪽.

61) 위의 책, 104쪽.

62) "창립이래 삼년―국립영화촬영소는 국가의 올바른 지도와 쏘련기사의 성의있는 방조속에 영화제작의 기반을 튼튼하게 닦아놓았으며 자기의 과업을 성과적으로 완수하였다." (주영섭, 「소련영화는 우리영화제작의 산 교재가 된다」, 《문학예술》, 1949. 10, 57~58쪽.)

63) 오덕순, 「극영화 〈내고향〉에 대하여」, 《문학예술》, 1950. 2, 36쪽.

64) 박철민, 「북조선영화사업에 있어서의 자체교양과 인재육성」, 《문학예술》, 1948. 11, 28쪽.

65) 김룡봉, 「당의 품속에서 영생하는 연출가 전동민」, 《조선영화》, 1986. 7, 34쪽.

66) 림창진, 「이름있는 영화연출가 천상인」, 《조선영화》, 1996. 3, 58쪽.

67) 「그들은 어떻게 영화문학작가로 되었는가」, 《조선영화》, 1990. 9, 52쪽.

68) 박철민, 앞의 글, 32쪽.

69) 위의 글, 33쪽.

70) 김수남, 「일제말기의 어용영화에 대한 논의」, 《영화연구》 26호, 2005, 156쪽.

71) 주인규, 「지난 1년간의 국립영화 촬영소 사업을 회고하면서」, 《문학예술》, 1950. 1.

72) 『조선중앙연감』, 1950, 359쪽.

73) 『조선중앙연감』, 1951, 389쪽.

74) 《조선문학》 창간호에 북조선국립영화촬영소의 〈인민위원회〉 에 관한 광고가 있다.(『원전 조선문학 1』, 301쪽.)

75) 『조선중앙연감』, 1949년, 145쪽.

76) 『조선중앙연감』, 1951년, 389쪽.

77) 북조선극장위원회는 북한의 다른 문헌(정태소, 「우리나라 영화보급발전의 자랑찬 노정」, 《조선영화》, 1993. 11.)에서는 북조선극장영화관위원회로 칭하기도 한다. 두 조직은 같은 조직이다.

78) 서광제, 앞의 책, 53쪽.

79) 정태소, 「우리나라 영화보급발전의 자랑찬 노정」, 《조선영화》, 1993. 11, 22쪽.

80) 《조선문학》 창간호, 문화전선사, 1947. 9, 300쪽.

81) 오영진, 앞의 책, 103쪽.

82) 강인구, 앞의 논문, 22~23쪽, 정태수, 앞의 논문, 136쪽에서 재인용

83) 정성임, 「소련의 대북한 점령정책에 대한 연구」, 이화여자대학교 박사학위 논문, 1998,

135쪽.
84) 서광제, 앞의 책, 43~44쪽.
85) 위의 책, 82쪽.
86) 「북조선임시인민위원회의 산업, 교통, 운수, 채신, 은행 등의 국유화에 관한 법령」, 『북한 관계 사료집 5』, 국사편찬위원회, 177쪽.
87) 서광제, 앞의 책, 136쪽.
88) 김석형 구술, 앞의 책, 301~306쪽.
89) 『조선중앙연감』, 1950, 361쪽.
90) 신정국, 「영화관 사업의 향상을 위한 몇 가지 요점」, 《선전자》 2호, 1949, 25쪽. 이왕무, 「북한 영화예술의 역사적 전망」, 《정신문화연구》 통권85호, 한국정신문화연구원, 2001, 157쪽에서 재인용.
91) 표는 『조선중앙연감』(1950년, 1951년)과 『1946~1960 조선민주주의 인민공화국 인민경제발전통계집』(국립출판사, 1961)을 참조하여 만들었다.
92) 서광제, 앞의 책, 82쪽.
93) 《선전자》 창간호, 1949, 49~50쪽, 이왕무, 앞의 글, 156쪽 재인용.
94) 이왕무, 앞의 글, 156쪽.
95) 『1946~1960 조선민주주의 인민공화국 인민경제발전통계집』, 국립출판사, 1961, 179쪽. 1951년 『조선중앙연감』 기록에는 이동영사대의 수가 37개조로 나와 있다.
96) 1946년 영화 관람자수는 10,064천 명였으나 1949년 영화 관람자수는 22,086천 명으로 2배가 넘게 성장하였다. 위의 책, 182쪽.
97) 민병욱, 앞의 책, 113쪽.
98) 장명욱, 「무에서 유를 창조한 예술영화 〈내고향〉」, 《조선영화》, 1987. 4, 73쪽.
99) 소희조, 앞의 글, 23쪽.
100) 위의 글, 23쪽.
101) 김영근은 당시 영화과장이었다.
102) 박남수, 앞의 책, 144쪽.
103) 오덕순, 앞의 글, 35쪽.
104) 「예술영화 〈내고향〉 창작가들과 한 담화」, 『김일성전집 9』, 302~305쪽.
105) 민정식, 「로동계급을 형상한 첫 예술영화에 깃든 이야기」, 《조선영화》, 1984. 4, 22쪽.
106) 『조선중앙연감』 1950, 359쪽.
107) 민정식, 앞의 글, 23쪽.
108) 소희조, 「박학과 그의 창작활동」, 《조선영화》, 1996. 6, 59쪽.
109) 황철, 「나의 종군기」, 《조선예술》, 1957. 6. 엄국천, 「배우 황철 연구」, 중앙대학교 석사 학위 논문, 1999, 41쪽. 재인용.

제5장

영화운동의 종말

1. 국민보도연맹과 대한영화협의회

분단이 고착화되기 시작하면서, 영화인들의 대대적인 이합집산이 시작되었다. 특히 조선공산당의 후신인 남로당이 남한만의 단독 정부 수립에 반대하며 '2·7구국투쟁'을 전개하자 미군정에서는 남로당뿐만 아니라 그 외곽단체인 민전까지 불법단체로 낙인찍고 탄압을 시작했다. 이로 인해 민전 산하 단체인 영화동맹 역시 불법단체가 되었다. 여기서 활동하던 일부 영화인들은 미군정의 탄압을 피해 월북하거나 지하로 잠적했다. 그러나 대부분의 영화인들은 여전히 남한에 남아 영화를 만들고 영화에 출연했다.

'2·7구국투쟁'으로 촉발된 남로당의 무장투쟁은 전국적인 규모로 확대되었다. 미군정에게 정권을 이어받은 이승만 정권은 좌익단체에 가입했던 사람들까지 잠재적인 위협이라 규정하고 이들을 색출할 계획을 세웠다. 1948년 12월 1일 국가보안법을 제정하고 이를 뒷받침할 기구로 사상 교화를 담당할 국민보도연맹國民保導聯盟이 만들어졌다.[1]

일제가 사상범을 통제하기 위해 고안해 낸 사상보국연맹을 연상시키는 보도연맹은 반공 검사로 유명한 오제도吳制道가 입안했다. 이승만 정권에서는 남로당과 그 산하 단체에 가담했던 자에 대해 자수 기간을 주었다. 이들 자수자들은 사상교화소 역할을 했던 국민보도연맹에 가입하여 사상 교화를 받아야만 했다. 월북하지 않은 영화동맹의 영화인들은 단정 수립 후, 국민보도연맹 가입을 통해서 영화동맹에서의 활동을 심판 받았다.

자수기간에 자수한 자에 대해서는 선처하지만 그렇지 않은 자에 대해서는 엄벌에 처한다는 회유와 협박이 있었다. 영화동맹에서 활동했던 영화인들은 처음에는 과거의 영화동맹 활동을 숨긴 채 자수하지 않았다. 영화동맹 활동을 자수한 인물은 김정혁과 이경설 단 두 명뿐이었다.[2] 침묵한다고 이들의 활동이 사라지는 것이 아니었다. 각종 신문, 잡지 등에 활동 증거가 남아 있었다. 1949년 12월 2일자 『조선일보』에는 자수한 영화동맹원이 8명으로 늘었다. 『자유신문』에 따르면 김정혁, 이경설 외에 김한, 허달, 김일해, 독은기, 이재명이 자수하여 보도연맹에 가입했다고 한다.[3]

◉ 김일해

보도연맹에서는 가입한 문화, 예술인들을 총 동원하여 국민예술제전을 열었다. 1950년 1월 8일, 시공관에서 열린 국민보도연맹 주최 제1회 국민예술제전의 기록을 보면 보도연맹에 가입한 영화인들 일부를 확인할 수 있다. 아래 기사의 작품과 인물들을 통해 어떤 인물들이 보도연맹에 가입했는지 알 수 있다.

◇ 연극 : 〈돌아온 사람들〉

朴露兒 作, 許執 연출, 蔡南仁 장치, 崔進 조명

金勝鎬 卞基鍾 金福子 南宮蓮 白寅 玄芝涉 白松 李榮玉 朴燮 鄭珉 白星民 黃男 崔軍 李圭雄 姜桂植 李東勳 田斗永 朴齊行 高雪峰 盧載信 李奭基 李揆永 李起燮 洪重植

◇ 무용 : 무용시 '영원한 조국'

金漢人 作·연출, 文哲民 伴奏詩

韓東人과 서울발레단, 崔伽倻 무용단, 張秋華 무용연구소, 朴男虎·朴娜翡, 鄭寅芳 무용단, 金漢人 무용클럽

◇ 영화(保聯문화실 영화부 제작) : '保聯特報' 제1집

기획 金正革, 제작 許達, 녹음 崔七福, 구성 張東明, 촬영 李明雨·崔承麟·李秀根·林炳鎬·劉僖, 현상 金鳳壽[4]

국민예술제전에서 박노아 작, 허집 연출의 연극 〈돌아온 사람들〉, 무용시 〈영원한 조국〉이 공연됐고 영화는 보도연맹의 활동을 담은 뉴스영화 〈보연특보〉가 상영됐다. 보도연맹 문화실 영화부에서 제작한 〈보연특보〉 제1집의 제작진에 기획 김정혁, 제작 허달, 녹음 최칠복崔七福, 구성 장동명張東明, 촬영 이명우, 최승린, 이수근, 임병호林炳鎬, 유희劉僖, 현상 김봉수金鳳壽가 참여했다. 이들은 영화동맹에서 활동했던 영화인들로 영화동맹 가입에 대해 자수한 영화인들이다. 이들 면면을 살펴보면 기획을 맡은 김정혁은 예술통신사를 운영하면서 영화동맹과 밀접한 관계를 맺고 있었고 제작을 맡은 허달은 추민에 이어 영화동맹 서기장을 맡았던 인물이다. 이명우를 비롯한 제작진들도 한때 영화동맹의 중요 맹원이었다.

⊙ 이명우

영화동맹원 중 일부는 남로당의 무장폭력투쟁에 참여했다. 영화동맹 서울지부의 집행위원이었던 홍순학洪淳鶴의 경우가 대표적이다. 그는 문화선전대원으로 지리산에 들어가 남로당의 무장폭력 투쟁에 참가했다가 1949년 생포되어 재판에서 사형

殺戮面이 創作材料

言語道斷의 兪鎭五陳述

智異山工作隊

二日第二軍裁

⊙ 지리산 빨치산 홍순학 재판 기사

이 언도됐다.[5)]

영화운동을 주도하던 영화동맹과 거리를 두고 있었던 우익영화인들은 미군정과 이승만 정권의 탄압으로 위축된 좌익영화인들의 자리를 채우며 영화계의 중심에서 활동하기 시작했다. 대표적인 우익영화인으로는 한때 영화동맹 위원장이던 안종화와 부위원장을 맡았던 안석영, 1947년 이북에서 월남한 오영진을 꼽을 수 있다.

우익영화인들의 활동이 본격화된 것은 좌익영화인들의 근거지였던 조영이 우익영화인들에게 접수되면서부터이다. 1946년 말, 적산 조영의 관리인이자 영화동맹 서울지부 위원장이던 이재명은 군정청 예술과장 안철영과 함께 하와이 교포들의 자본을 유치하여 적산 조영을 인수할 계획을 세웠다. 그러나 적산 관리인과 예술과장이라는 지위를 이용

⊙ 안석영

하여 조선영화계의 전부라고 할 수 있는 조영을 인수하려 했던 시도는 많은 영화인들의 반대로 실패할 수밖에 없었다. 이 문제에 책임을 지고 이재명은 적산 관리인에서 물러났다.

이재명에 뒤이어 적산 조영을 책임진 사람이 대표적인 우익영화인인 안석영이다. 배급 부문을 책임지던 성동호가 1947년 안석영을 영입하여 성동호, 안석영 체제로 적산 조영을 운영하게 된 것이다. 성동호, 안석영 체제로 운영되던 조영은 1948년 8월 15일 대한민국 정부 수립으로 대한민국 정부 재산이 되었고 1949년 8월 1일을 기해 사단법인 대한영화사로 이름과 체제를 바꾸었다.

> 해방 후 위축되고만 우리 영화제작의 발전을 기하고자 정부에서는 6월 23일 국무총리령으로 조선영화사를 대한영화사로 개칭, 내용을 확충하여 재발족케 한 바 있거니와 그 후 공보처에서는 이사진을 구성하고 기구도 정비하여 8월 1일부터 업무를 개시하고 본격적인 영화제작에 착수하게 되었다는데 同社의 중요 부서는 다음과 같다 한다.
>
> △이사장 : 李哲源 공보처장 △부이사장 : 李軒求 공보처차장 △전무이사 : 安碩柱 △상무이사 : 姜鷺鄉 △이사 : 柳致眞 · 安鍾和 · 金光燮 · 吳泳鎭 · 朴在郁 · 成東鎬 △제작부장 : 상무 겸임 △총무부장 : 河己泳 △촬영부장 : 安鍾和 △감독실장 : 미정[6]

국무총리령에 의해 공보처 산하 기관으로 새롭게 발족한 대한영화사는 이철원李哲源 공보처장과 이헌구李軒求 공보처차장을 이사장과 부이사장으로, 문화계의 주요한 우익 인사들인 유치진, 안종화, 김광섭, 오영진, 박재욱朴在郁, 성동호를 이사로 하여 출범했다. 대한영화사의 실질적인 책임자는 전무이사 안석영(안석주)이었고, 촬영소의 총책임자는 촬영소장 안종화였다.

좌익에 대한 탄압으로 영화동맹이 활동을 멈추면서 영화감독구락부의 안석영, 안종화, 이규환, 김소동金蘇東, 안철영 등 우익영화인들이 중심이 된 대한영화협의회가 1948년 11월 25일 발족했다. 이범석李範奭 국무총리를 총재로 정부의 각 장관 및 처장과 문화계의 저명인사를 포함한 대한영화협의회는 정부의 시책과 정권의 홍보에 앞장서는 관변단체로 그 성격을 명확히 했다.[7] 그 주요 활동 목표는 다음의 일곱 가지이다.

1. 민족영화 수립과 국민의 계몽교화
2. 정부에 건의 및 자문
3. 제작기구 건설
4. 영화에 관한 심의 및 선전
5. 인재양성
6. 외국과의 영화문화 교류
7. 영화제작 자재 수입 및 알선[8]

대한영화협의회 설립의 궁극적인 목적은 '민족영화 수립과 국민의 계몽교화'라는 대한영화협의회의 첫 번째 목표에 있었다. 단독 정부 수립으로 민족이 분열되고 혼란된 상황에서 대한민국 정부만이 정통성을 가지고 있으며, 좌익의 주장은 반민족적 행동이라는 점을 국민들에게 알리는 것이 민족영화의 수립이며 국민의 계몽교화인 것이었다. 다시 말해 국민들에게 영화를 통한 국가이데올로기의 이식에 목적이 있음을 밝히고 있는 것이다. 나머지는 이러한 목적을 수행하기 위한 세부 방법일 뿐이었다.

이렇듯 서울에서의 진보적 영화운동은 종말을 고했고, 이를 대신해서 국가의 이데올로기에 봉사하는 관변단체가 그 모습을 드러냈다. 영화동맹의 종말과 관변단체인 대한영화협의회의 탄생은 자유당 시대 영화인들의 활동을 예고하는 것이었다. 자유당 정권 하에 정권의 호위병으로 새로 태어난 영화인들은 이승만의 만수무강을 빌고 자유당의 홍보를 도맡았다.

2. 월북 영화인들의 활동과 몰락

이북 지역에 영화제작의 물적 토대가 급속히 확보되었던 것에 비해 영화 인력은 턱없이 부족했다. 해방 직후 이북 지역의 영화인 대부분은 영화 활동을 접고 낙향한 영화인들뿐이었다. 이러한 상황은 영화제작 각 부문을 책임질 간부급 영화인과 현장에서 카메라를 들고 영화를 만들 현장인력의 부족으로 나타났다. 이런 인재부족 상황을 일거에 극복할 수 있는 방법은 서울의 영화인들을 대거 월북시켜 영화제작에 참여시키는 것이었다. 북한에서는 남한 상황과 비추어 북한에 관한 매력적인 내용을 선전함으로써 문화예술인들이 북한을 동경하고 월북하도록 유도했다.

> 劇場은 南朝鮮과 같이 興行師나 謀利輩나 테러團의 資金調達者의 手中으로 들어가지 않고 演劇人과 映畵人의 手中으로 들어왔습니다.
>
> 印刷所는 南朝鮮과 같이 反動派나 謀利輩의 手中으로 가지 않고 文學者와 新聞記者와 著述家들이 自由로 使用할 수 있도록 處分되었습니다.
>
> 종이는 南朝鮮과 같이 反動派나 謀利輩에게 拂下, 占有되지 않고 文化出版과 藝術家들이 任意로 使用할 수 있도록 充分히 配給되어있습니다.
>
> 映畵機械나 필름이 없던 北朝鮮에 새로운 映畵藝術을 建設하기 爲하여 붉은 軍隊는 機材를 날라주고 있습니다. (중략)
>
> 土地改革에 있어서도 文化建設의 功勞가 있는 文化人들에게는 特別히 土地와 林野의 沒收를 免除시키고 文學藝術總同盟과 그 傘下 諸 團體에 대하여는 廣大한 建物과 書籍과 交通機關과 附屬財産을 맡기었으며 그 위에 또한 文化, 藝術家들의 生活과 活動을 援助하기 爲하여 바로 北朝鮮藝術家後援會가 組織되어서 民間으로부터 또한 文化藝術家들의 事業을 支援하고 있습니다.[9)]

위의 글은 해주 인쇄소에 배치된 임화가 북한 지역인 해주에서

⊙ 임화

인쇄하여 남한에 유통시킨 《문학평론》에 쓴 글이다. 임화는 이 글에서 남한의 사정과 북한의 사정을 비교하면서 극장, 인쇄소, 종이, 영화 기재 등이 남한은 반동파, 모리배들의 수중으로 들어갔으나 북한은 문학, 예술인들에게 돌아갔고, 또한 무상몰수 무상분배의 북한의 토지개혁에 있어서도 문화건설에 공로가 있는 문화인들은 면제가 될 뿐더러 이들을 생활과 활동을 원조하기 위해 각종 지원책이 마련되어 있다고 주장했다.

임화의 위와 같은 주장은 극장을 구하지 못해 공연을 올리지 못하고 있는 연극인들, 필름이 없어 영화를 만들지 못하는 영화인들에게 꽤 매력적인 내용이었다. 문화, 예술인에 대한 이와 같은 선전과 더불어 사람들을 파견해 이북 출신 영화인들을 상대로 월북을 종용했다.[10]

좌익의 집요한 공작에도 불구하고 기성 영화인들 대부분은 서울에 남았다. 이미 서울에 자리를 잡은 상태에서 평양으로 올라간다는 것은 쉽지 않은 결단이었다. 여기에 월남한 영화인들이 들려주는 이야기는 토지개혁과 주요 산업 국유화로 재산을 몰수당하고, 당성이 부족한 기성 영화인들에 대한 무자비한 비판이 가해지는 등 매력적이지 못했다. 그러나 고향이 이북이거나 영화운동의 중심에 있었던 인물들의 경우에는 미군정의 좌익인사에 대한 체포의 위협에서 벗어나기 위해서라도 월북을 감행할 수밖에 없었다.

영화인들의 북행은 해방 직후부터 6·25전쟁 때까지 이어졌다. 이

⊙ 〈성벽을 뚫고〉

를 시기별로 살펴보면 1) 해방 당시 북한 지역의 영화인, 2) 1945년 12월 민족전선 촬영차 월북한 영화인, 3) 1946년 말에서 1947년 초, 미군정의 탄압을 피해 월북한 영화인, 4) 1948년 8월, 단독 정부 수립 전후로 월북한 영화인, 5) 6·25전쟁 시 월북, 납북된 영화인, 이렇게 다섯으로 나누어 볼 수 있다.

해방 직후 북한 지역에는 함흥의 주인규, 이규설, 평양의 오영진, 이창근, 황해도 신천의 강홍식 등이 있었다.

고협에서 활동 중 해방을 맞은 주인규의 경우, 해방과 동시에 적색노조 활동을 펼쳤던 근거지인 함흥으로 돌아가 건국치안에 앞장섰다. 또한 1946년에 이르러 북한에서의 영화 건설이 시작되자 책임자가 되어 국립영화촬영소를 건설하는 등, 북한영화의 최고책임자로 일했다. 일제 말기 함흥으로 낙향했던 이규설 역시 주인규와 더불어 북한영화 건설에 나섰다.

조만식이 세운 조선민주당 소속의 오영진은 처음에는 소군정과 긴밀한 관계를 맺으며 북한영화의 중요 인물로 부각되었다. 그러나 조선민주당이 탄압을 받으면서 감시 상태에 있다가 1947년 월남했다. 월남 직후 서울에서 적색테러를 당했다.

일제강점기 평양에서 영화제작사를 운영하던 이창근 또한 오영진과 마찬가지로 조선민주당 소속이었으며 탄압을 피해 단독 정부 설립 전후 월남했다. 이창근이 평양에 소유하고 있던 영화촬영소는 북조선영화제작소의 모체가 되었다. 이창근은 북한에서 가져온 필름을 편집하여 〈북한의 실정〉이라는 이름의 반공영화를 만들었다.

⊙ 이창근

또한 일제 말기 평양대중

극장 지배인이던 박운삼은 공산 치하에서 활발히 활동하다 6·25 당시 월남했다. 이후 제작자로 활동했다.

1946년 1월 민족전선 촬영차 월북한 영화인으로는 프로영맹의 서기장이었던 정준채와 윤재영, 오웅탁, 최순흥 등이 있다. 조영 조수 출신의 소장영화인들인 이들은 북한 지역의 민전 결성을 촬영하기 위해 북으로 파견되었다가 남으로 내려가지 않고 북한 지역의 영화 건설을 위해 일했다. 이들을 중심으로 북조선공산당 선전부 내에 영화반이 조직되었다.[11] 이들은 6·25 이전에 이미 소련으로 영화유학을 다녀왔다. 해방 전 이미 촬영감독으로 활동한 최순흥은 북한의 두 번째 장편영화 〈용광로〉의 촬영을 맡았다.

1946년 말에서 1947년 초, 조선공산당의 무장투쟁기에 월북한 영화인으로는 미군정의 탄압을 피해 월북한 영화동맹 서기장 추민이 대표적이다. 미군정에 의해 구속된 바 있었던 그는 월북 후 주인규를 보좌하며 국립영화촬영소 부소장과 시나리오 창작사에서 시나리오 작가로 활동했다.

그 밖에 이념과는 상관없이 북한의 영화촬영소 건립으로 영화기술자가 부족하자 직업을 얻기 위해 월북한 한형모, 최칠복 등의 영화인이 있다. 연극배우 고설봉高雪峰에 의하면 이 시기 좌익측에서 이북 출신 연극인들 중심으로 고향에서 연극하라는 권유가 많았고 실제로 많은 이북 출신 연극인들이 월북했다고 한다.[12] 신의주 출신인 한형모와 최칠복도 그런 권유로 월북했던 것 같다. 그러나 이들은 북한에서 활동하지 않고 곧 다시 월남했다. 한형모는 월남 직후 최초의 반공영화라 할 수 있는 〈성벽을 뚫고〉를 연출했다.[13]

1948년 8월 단독 정부 수립 전후로 남한에서는 남로당의 무장 투쟁이 전개됐고 이에 대응해 미군정과 이를 이은 이승만 정권에서는 좌익에 대한 대대적인 검거와 탄압을 했다. 남로당 출신 영화인과 영화동맹에서 활동하던 일부 영화인들은 미군정과 이승만 정권의 탄압을 피해 대거 월북했다. 이 시기는 특히 많은 수의 배우들이 월북했다. 대표적인 월북영화인으로는 문예봉,[14] 심영, 유경애, 박학 등의 유명 배우들이 있다. 이들 남한 출신 배우들을 중심으로 극영화가 제작됐다. 북한 최초의 극영화 〈내고향〉의 중요 배역을 이들 월북배우들이 맡았다. 예를 들어 여주인공인 옥단 역은 문예봉, 관필 어머니 역은 유경애, 지주 아들 역은 박학, 지주 역은 태을민, 혁명가 김학준 역은 심영이 맡았다. 중요 출연진 중 주인공 관필 역의 유원준만 써클 활동 등을 통해 북한에서 발굴해낸 배우였다.[15]

이 밖에 영화장치가 윤상열, 『독립신보』의 편집인이자 영화감독, 평론가로 활동하던 서광제, 영화동맹 집행위원을 역임한 조영 조감독 출신 민정식[16] 등도 이 시기 월북했다.

남로당원으로 영건과 영화동맹을 실질적으로 이끌었던 윤상열

⊙ 유원준

⊙ 김연실

은 1948년 8월 25일 해주 남조선인민대표자대회에서 최고인민회의 대의원으로 선출된 후 월북하여 북한 최초의 예술영화인 〈내고향〉과 두 번째 작품인 〈용광로〉의 미술을 담당했다.

서광제는 『독립신보』 편집인으로 남북협상 당시 김구의 수행기자로 이북에 다녀온 후 『북조선기행』이라고 하는 선전용 기행문을 발간하고 월북했다. 그는 이후 시나리오 창작사에 배속되어 〈위대한 역사〉, 〈항쟁의 날〉 등의 시나리오를 창작했다.[17)]

6·25전쟁 시 월북, 납북 영화인으로는 자진 월북했다고 하는 김정혁, 허달, 윤용규, 김연실, 김선영 등과 납북된 최인규, 박기채, 방한준, 이명우, 양세웅, 이수근 등이 있다.[18)] 이 외에도 독은기, 남승민, 최운봉 등 일제 말기 조영 전속의 유명배우들도 월북하여 전쟁기간 북한에서 제작된 영화에 출연했다.

이렇듯 북한의 부족한 영화 인력은 영화인들이 대거 월북함으로써 해결되었다. 이들 북한영화인들은 해방기의 활동에 따라 여러 그룹으로 나뉘었다. 우선 영화동맹 위원장이자 국립영화촬영소장인 주인규를 위시한 강홍식, 윤묵, 신두희 등 해방 당시 북한 지역에 있던 국내파가 있었고, 추민, 박완식, 김승구, 정준채, 최순홍 등의 프로예맹파, 윤상열, 민정식, 문예봉, 서광제 등의 조영파, 국립영화촬영소 설립을 통해 양성된 신진 영화인들이 있었다. 이러한 그룹은 출신 성분을 의미하는 것으로 6·25 이후 전개되는 숙청 과정에서 주요한 비판의 근거로 이용되었다.

북한 영화계의 이와 같은 인적구성은 김일성계, 박헌영계, 소련계 등이 비슷한 힘으로 분점하고 있는 당시 북한의 상황과 비슷했다. 실제

⊙ 〈북지만리〉에서 심영(왼쪽)과 주인규(오른쪽)

이들 영화인들이 배경으로 삼고 있는 정치세력도 출신에 따라 달랐음은 물론이다. 전쟁 중에 시작된 남로당 숙청은 북한 영화계에도 큰 인적변화를 만들어 냈다.

가장 먼저 비판과 숙청의 대상이 된 인물은 국립영화촬영소장인 주인규였다. 그는 국립영화촬영소장이자 영화동맹 위원장으로 6·25전쟁 시기 남한의 영화인을 포섭하고 전선으로 영화인을 파견하는 등 전시 북한영화를 총괄했다. 그러나 인민군 후퇴와 중공군 참전이 이루어진 1951년 초 서울을 다시 점령한 북한은 남한의 문예조직과 북한의 북조선문학예술총동맹을 통합하여 조선문학예술총동맹으로 개편했는데 상무위원회와 영화동맹에서 그의 이름이 빠졌다. 개편된 상무위원회 명단과 영화동맹 위원명단은 아래와 같다.

조선문학예술총동맹

상무위원회

위원장 : 한설야

부위원장 : 리태준, 조기천

서기장 : 박웅걸

위원 : 리기영, 신고송, 림화, 김순남, 정관철, 김조규, 박영신, 김남천

검사위원

위원장 : 안막

위원 : 김북원, 리원조, 안회남, 리북명

연극동맹

위원장 : 신고송

부위원장 : 라웅

서기장 : 김승구

위원 : 송영, 조령출, 리서향, 배용, 박영신, 리단, 황철, 안영일

영화동맹

위원장 : 심영

부위원장 : 윤상열

서기장 : 윤재영

위원 : 강홍식, 문예봉, 리재현, 박학, 장선원, 유경애, 최순홍, 정준채[19]

⊙ 정률

1947년 제4차 문예총 중앙위원회에서 개선된 상무위원은 이기영, 한설야, 안막, 정률鄭律, 안함광, 최명익, 이동규, 박영호朴英鎬, 이면상李冕相, 선우담, 주인규였다. 사망한 박영호를 제외한 이들 모두가 1951년 개편된 문예총 조직을 이끌고 있었지만 주인규만 빠진 것이다. 영화동맹에서도 국내파로 분류할 수 있는 주인규, 이규설, 박완식 등이 제외된 반면 심영沈影, 윤상열, 문예봉文藝峰, 리재현李載玄, 박학朴學, 유경애兪慶愛 등 1948년을 전후하여 월북한 영화인들이 대거 중용되었다.

1950년 말, 주인규가 어떤 이유로 북한영화계의 주도권을 잃게 되었는지 그 전모를 시원하게 알려주는 자료는 없다. 이 당시 상황은 정황을 통해 짐작할 수밖에 없다. 《조선영화》 1991년 4월호에 실린 원로 영화배우들의 좌담회에서는 영화인 전체가 강계로 후퇴했을 당시 전시 선무활동에 있어 이견이 있었음을 밝히고 있다. 이것이 하나의 실마리가 될 것으로 보인다.

유원준 : 우리가 후퇴의 먼길을 걸어 강계에 도착하였을 때의 일입니다.

전쟁의 종국적 승리에로 전체 인민들을 부르신 어버이 수령님의 호소를 가슴뜨겁게 받아안은 우리 영화예술인들은 편대를 무어 공연활동을 벌릴것을 제기하였는데 이 제기를 받은 반당 반혁명 종파분자들은 이 전쟁마당에서 무슨 예술이요 공연이요 하고 떠들며 다니는가 고 하면서 굶어죽지 않겠으면 제 살구멍이나 찾으라고 우리를 모욕 하고 멸시하였습니다.

문예봉 : 그러나 어버이수령님께서는 그 준엄한 환경속에서도 우리 예술인들을 불러주시고 신심과 용기를 안겨주셨습니다.

일동 : 그렇습니다.

문예봉 : 잊을수 없는 1950년 12월 24일 위대한 수령 김일성 동지께서는《우리의 예술은 전쟁 승리를 앞당기는데 이바지하여야 한다》라는 력사적인 교시를 주시였습니다.[20]

위의 좌담회 내용을 토대로 추측해 보면 강계로 후퇴한 영화인들이 편대로 나뉘어 선무공연을 나서자는 의견과 이에 반대하는 의견으로 나누어져 있었음을 알 수 있다. 이러한 내부 이견은 김일성이 선무

⊙ 〈빨치산의 처녀〉의 문예봉

공연에 나서자는 영화인들을 지지하면서 반대 의견을 펼친 영화인들이 주도권을 잃게 되었음을 확인시켜 준다. 그렇다면 주인규는 이 당시 선무공연에 반대하는 입장에 있었고 그 이유 때문에 숙청되었다고 추정할 수 있다. 또한 유원준의 '반당 반혁명 종파분자'라는 말이 의미하듯 주인규를 비롯한 이들 숙청 영화인들은 임화, 김남천金南天 등에 대한 숙청, 이태준李泰俊에 대한 비판, 소련파인 기석복奇石福, 정률에 대한 비판이 연이어 있었던 종파분쟁기에 비판의 대상이 되었을 것으로 추측된다.

개편된 영화동맹의 위원장은 국립영화촬영소 연기부장이었던 월북영화인 심영이었고 부위원장은 영화장치가인 월북영화인 윤상열이었다. 서기장은 선전부 영화반을 조직했던 프로예맹 출신의 윤재영, 위원으로는 〈내고향〉을 연출한 강홍식과 문예봉, 이재현, 박학, 유경애 등의 배우와 선전부 영화반을 조직한 바 있는 연출가 정준채, 〈용광로〉의 촬영을 맡은 월북 영화인 최순흥 등이었다.

주인규를 비롯한 기성 영화인들이 전쟁기간 중 영화동맹 중심부에서 멀어진 데 비해 전선을 누비며 전황을 촬영하고 문화선전대로 활동한 신인 영화인들은 목숨을 건 활약을 통해 북한영화계의 중심부로 진입하고 있었다. 1951년 4월 26일 국기훈장 및 군공메달 공로메달을 수여 받은 문학예술인들의 면면을 보면 이들 신진 영화인들이 다수를 차지하고 있음을 알 수 있다.

> 국기훈장 및 군공메달 공로메달을 수여 받은 문학예술인들
>
> 지난 4월 26일 조선민주주의 인공화국 최고인민회의 상임위원회 정령으로 조선민주주의 인민공화국 훈장 및 메달을 수여 받은 문학

예술인들은 다음과 같다.

★ 국기훈장 제2급

리기영(작가), 리태준(작가), 림화(시인), 조기천(시인), 최승희(무용가), 한설야(작가), 황철(배우)

★ 국기훈장 제3급

고형규(촬영사), 김기덕(음악가), 김순남(작곡가), 김완우(가수), 김조규(시인), 리경팔(가수), 리단(배우), 리면상(작곡가), 문예봉(배우), 박영신(배우), 박웅걸(작가), 배용(배우), 신고송(작가), 신진호(사진사), 심영(배우), 안기옥(고전음악), 안성희(무용가), 유만준(촬영가), 정관철(미술가), 최순홍(촬영사), 최예선(배우), 홍성빈(촬영사), 홍일성(촬영사)

★ 군공메달

강장일(가수), 고인길(촬영사), 김동규(배우), 김북원(시인), 김인완(사진사), 김진성(화가), 남궁만(작가), 리대영(사진사), 리원우(시인), 리응모(배우), 리재덕(배우), 리재현(배우), 문상조(배우), 문정복(배우), 민병선(배우), 박경원(촬영사), 박병수(촬영사), 박학(배우), 신응호(촬영사), 신창규(배우), 원대연(배우), 유경애(배우), 윤득송(촬영사), 장소등(배우), 정규완(촬영사), 최규형(배우), 탁원길(미술가), 태을민(배우), 한창해(촬영사), 홍윤결(촬영사), 홍필선(연출가), 황금녀(배우), 황하일(시인), 황한조(촬영사)

★ 공로메달

고룡진(사진사), 고정익(가수), 공기남(고전음악), 권원한(가수),

김남천(작가), 김순희(무용가), 김승구(작가), 김양춘(배우), 김익성(미술가), 김일영(장치가), 라웅(연출가), 리북명(작가), 리상남(조명가), 리용우(영화), 림소향(배우), 림홍은(화가), 문석오(조각가), 민병균(시인), 박팔양(시인), 선우담(화가), 안영일(연출가), 원정아(무용가), 유은경(가수), 윤상열(장치가), 윤영자(무용가), 장진광(화가), 정남희(고전음악), 정서촌(시인), 정칭파(화가), 조상선(배우), 지경순(배우), 천상인(연출가), 최연해(화가), 최창엽(배우), 한진섭(배우), 황국근(음악가), 황민(배우), 최석두(시인)[21] (밑줄은 연극, 영화동맹원)

휴전이 임박할 무렵 미제의 고용간첩혐의로 남로당계 주요 인사들이 체포되어 재판에 회부되었다. 1953년 8월 3일부터 6일까지 북한 최고재판소 군사재판부에서 열린 재판에 회부된 인물들은 이승엽, 조일명, 임화, 박승원, 이강국, 배철, 윤순달, 이원조, 백형복, 조용복, 맹종호, 설정식으로 이들의 혐의는 북한 정권 전복 음모와 반국가적 간첩테러 및 선전 선동 행위였다. 재판에 회부된 인물 중 문화예술계 인사는 조일명, 임화, 이원조, 설정식 등이었는데 조일명, 임화, 설정식은 사형, 이원조는 징역형이 언도됐다. 남로당계의 중심인 박헌영에 대한 재판은 1955년 12월 15일 열렸고 재판에서 사형이 언도됐다.

서울의 문건중협과 문총을 이끌었던 임화, 이원조, 조일명, 설정식 등이 숙청되면서 그 후폭풍이 남로당계 문학, 예술인들에게 불기 시작했다. 주요 영화인 중에는 남로당계열 출신의 윤상열, 서광제 등이 숙청된 것으로 추정된다.[22]

남로당계열의 숙청은 임화, 이원조, 김남천 등에 각을 세웠던 프로예맹 세력의 득세로 이어졌다. 추민, 강호, 김승구, 윤재영, 정준채 등이 북한영화계의 중심이 되었다. 또한 전쟁 중 월북한 윤용규는 〈소년 빨치산〉, 〈빨치산의 처녀〉를 만들어 내면서 그 실력을 인정받아 영화계의 중심으로 들어가게 됐다. 그는 남로당 계열의 숙청기간에도 살아남을 수 있었다.

⊙ 윤용규

남로당 계열의 숙청으로 문예총은 1953년 9월 전국작가예술대회에서 산하의 조선작가동맹, 조선미술가동맹, 조선작곡가동맹만 남겨두고 해체하였다.

남로당 계열의 숙청이 마무리될 무렵인 1956년 북한정권은 "후르시쵸프의 변화된 노선을 지지하는 소련파, 모택동의 노선에 친화력을 갖는 연안파, 항일무장투쟁경험을 중심으로 중앙정치권력을 장악한 갑산파에 의해 불균등하게 균점되어 있었다."[23] 소련파와 연안파는 북한정권을 잡은 김일성을 제거하기 위한 계획을 꾸몄으나 실패했다. 8월 종파사건으로 알려진 이 문제는 소련과 중국 정부가 직접 개입하는 지경에 이르게 됐다. 김일성을 중심으로 한 갑산파는 소련과 중국 정부의 관심이 덜해지자 소련파와 연안파에 대한 무자비한 숙청을 가했다.

1956년 9월, 종파청산운동이 한창일 무렵 배우로 복귀한 주인규가 탄압을 견디지 못하고 자살했다.[24] 최승희의 무용극 〈사도성 이야기〉 촬영차 소련에 간 정준채 등도 소환명령을 받고 북한으로 소환되어 숙청되었다.[25] 정준채와 함께 윤재영, 최순홍, 홍필선, 오웅탁 등 소련유학 후 북한영화 건설을 위해 노력한 영화인들이 숙청의 칼바람을 피

◉ 유경애

하지 못한 것으로 보인다. "1955년 10월 월북 퇴폐 문학, 예술인들을 비호하면서 종파분자들과 친했다는 이유"[26]로 문화선전성 제1부상에서 숙청된 소련파인 정률(정상진)과의 친소관계 등도 문제가 되었기 때문이다.[27]

남로당 숙청과 8월 종파사건으로 북한영화의 토대를 구축한 중요 인물들이 죽거나 숙청됐다. 북한영화계는 김일성을 정치적 배경으로 한 인물들만 살아남았다. 기성의 인물로는 추민, 윤용규, 강홍식, 김승구, 문예봉, 유경애 등이 건재했으며, 해방 후 등장한 신인 영화인으로 주동인, 천상인, 한상운 등이 중심으로 떠올랐다.

이렇듯 북한의 영화인 조직은 최초 설립에서부터 당과 정부의 관리 하에 국가영화 건설을 위한 목적으로 이용되었다. 남쪽에서 진보적 영화운동을 위해 노력했던 많은 수의 영화인들이 실패를 하고 북행을 결심했으며 이들 영화인들은 6·25 이후 북한의 정권투쟁과정에서 권력을 잡거나 아니면 희생당하느냐의 갈림길에 놓이게 되었다.

주

1) 김기진, 『국민보도연맹—부산, 경남 지역』, 역사비평사, 2002, 19쪽.

2) 『동아일보』, 1949. 12. 1.

3) 『자유신문』, 1949. 12. 2.

4) 『평화신문』, 1950. 1. 8.

5) 『동아일보』, 1949. 9. 30.

6) 『조선일보』, 1949. 7. 26.

7) 『민주일보』, 1948. 11. 24.

8) 『서울신문』, 1948. 12. 25.

9) 임화, 「북조선의 민주건설과 문화, 예술의 위대한 발전」, 《문학평론》, 1947, 42쪽.

10) 신의주 출신 영화감독인 최인규를 월북시키기 위해 촬영기사 한형모가 서울로 파견되었다. 한형모는 최인규를 데리고 온다는 이유로 월남하여 다시 돌아가지 않았고 남한에 남아 반공영화인 〈성벽을 뚫고〉(1949)를 연출했다. 신의주 출신인 녹음기사 최칠복은 좌익의 선전에 동조해 월북했으나 적응하지 못하고 다시 서울로 돌아왔다.

11) 오영진, 『소군정하의 북한—하나의 증언』, 중앙문화사, 1952, 133쪽.

12) 고설봉, 『이야기 근대연극사』, 창작마을, 2000, 38~39쪽.

13) 이경순에 의하면 최칠복은 1946년 겨울에 월북했다가 6, 7개월 후, 다시 월남했다고 한다.(이경순, 『소리의 창조』, 도서출판 고려, 1996, 68~73쪽.) 최칠복이 1947년 초에 영화동맹에서 주최한 영화강좌에 강사로 나선 것으로 보아 이경순의 기록에 약간의 시간차가 있는 것으로 추정된다.

14) 해주 38경비대대 정보과 계장으로 근무했던 김석형의 증언에 의하면 문예봉은 1948년 초에 송악산을 넘어 월북했다고 한다.(김석형 구술, 『나는 조선노동당원이요』, 선인, 2001, 255~256쪽.)

15) 〈내고향〉에 관한 북한의 기록에 "당초에 출연 예정 하였던 중요한 연극배우들은 정작 이번 촬영에는 참가하지 못하였고"(오덕순, 「극영화 〈내고향〉에 대하여」, 《문학예술》, 1950. 2, 35쪽)라는 구절이 있는 것으로 보아 신인인 유원준이 주인공 관필 역에 캐스팅 된 것은 기존에 출연하기로 예정된 배우가 참가하지 못하여 유원준이 대신한 것으로 여겨진다. 원래 관필 역은 당시 최고의 배우로 손꼽히는 황철로 추정된다. 그는 월북 직후, 사상교화를 이유로 수용소에 수감되어 있었다. 황철이 수감으로 연기를 할 수 없자 황철과 이미지가 비슷한 유원준이 황철의 대역을 한 것으로 여겨진다.

16) 민정식은 〈용광로〉(1950)의 연출을 맡았다.

17) 《영화예술》 3호, 1949, 50쪽.

18)『민주신보』, 1951. 1. 1.

19)《문학예술》, 문학예술사, 1951. 5, 35쪽.

20)「[좌담회] 영광의 나날을 더듬어」,《조선영화》, 1991. 4, 20쪽.

21)《문학예술》, 문학예술사, 1951. 6, 38~39쪽.

22)『북의 예술인』(이철주, 계몽사, 1966)에는 최인규가 전쟁 중 월북하여 평양에 있었으나 남로당 숙청과정에서 숙청되었다고 한다.

23) 주봉호,『북한정치경제론』, 형성출판사, 2005, 173쪽.

24) 정상진,『아무르만에서 부르는 백조의 노래』, 지식산업사, 2005, 39쪽.

25)「한국현대사를 관통한 불멸의 음악가 정추 박사」,『연합뉴스』, 2005. 11. 25.

26) 정상진, 앞의 책, 99쪽.

27) "그러면 이러한 잔재가 당시 이 부문을 지도하던 정률 동무 같은 사람의 영향을 받아 비로소 생긴 것인가? 나는 개인적으로 그 동무를 사귀여 본 일이 없으며 합평회 석상에서 밖에는 만나지 못하였습니다."(주동인,「씨나리오 문학의 발전을 위하여」,『제2차 조선작가 대회 문헌집』, 조선작가동맹출판사, 1956, 287쪽.)

1. 영화, 영상자료

〈3.8선〉, 〈격동의 기록〉, 〈내고향〉, 〈마음의 고향〉, 〈용광로〉, 〈자유만세〉, 〈해방조선을 가다〉, 〈KBS 영상실록－1945~1946〉

2. 자료집, 총서

국립출판사, 『1946~1960 조선민주주의인민공화국 인민경제발전통계집』, 국립출판사, 1961.

국사편찬위원회, 『북한관계 사료집 1~43』, 국사편찬위원회, 1982.

＿＿＿＿, 『쉬띄꼬프 일기 1946~1948』, 국사편찬위원회, 2004.

김남식 · 이정식 · 한홍구, 『한국현대사 자료 총서 1~15』, 돌베개, 1986.

김석형 구술 / 이향규 녹취 정리, 『나는 조선노동당원이오!』, 선인, 2001.

김종욱 편저, 『실록 한국영화총서 (상), (하)』, 국학자료원, 2002.

안광희, 『한국현대연극사 자료집 1, 2권』, 한국문화사, 2006.

정용욱 편, 『해방직후 정치 사회사 자료집 제3권』, 다락방, 1994.

조선노동당출판사, 『김일성전집』, 조선노동당출판사, 1994.

한국문화간행회, 『한국잡지총서 권 12』, 1982.

한국영상자료원, 『신문기사로 본 한국영화 1945~1957』, 공간과사람들, 2004.

＿＿＿＿, 『한국영화를 말한다—한국영화의 르네상스 1』, 이채, 2005.

＿＿＿＿, 『한국영화의 풍경 1945~59』, 문학사상사, 2003.

한국예술연구소 편, 『이영일의 한국영화사 강의록』, 도서출판 소도, 2002

＿＿＿＿, 『이영일의 한국영화사를 위한 증언록—유장산/이경순 · 이창근 · 이필우 편』, 도서출판 소도, 2002.

＿＿＿＿, 『이영일의 한국영화사를 위한 증언록—김성춘, 복혜숙, 이구영 편』, 도서출판 소도, 2002.

＿＿＿＿, 『이영일의 한국영화사를 위한 증언록—성동호, 이규환, 최금동 편』, 도서출판 소도, 2002.

＿＿＿＿, 『이영일의 한국영화사를 위한 증언록—윤봉춘 편』, 도서출판 소도, 2004.

한일문화사, 『해방기 한국문예자료 총서 총12권』, 한일문화사.

3. 연감, 연표, 사전

고교맹, 『조선연감』, 조선통신사, 1946.

______, 『조선연감』, 조선통신사, 1947.

문우인서관, 『조선해방연보』, 문우인서관, 1946.

예술문화사, 『예술연감』, 예술문화사, 1947.

조선문예사, 『재일조선문화연감』, 조선문예사, 1949.

조선중앙통신사, 『조선중앙연감』, 조선중앙통신사.

주진숙 외, 『여성영화인사전』, 소도, 2001.

친일인명사전편찬위원회, 『일제협력단체사전-국내중앙편』, 민족문제연구소, 2004.

한국영화감독협회 기획, 『한국영화감독사전』, 국학자료원, 2004.

한국영화진흥공사, 『1989년도판 한국영화연감』.

4. 신문

『대동신문』, 『독립신보』, 『동아일보』, 『매일신보』, 『민주신문』, 『서울신문』, 『신조선보』, 『신한민보』, 『일간예술통신』, 『자유신문』, 『조선인민보』, 『조선일보』, 『조선중앙일보』, 『중앙신문』, 『중외신보』, 『해방일보』, 『현대일보』

5. 잡지

《건설》, 《문학사상》, 《문학예술》, 《문화전선》, 《민성》, 《신문학》, 《신천지》, 《신태평양》, 《영화예술》, 《예술운동》, 《월간영화》, 《영화순보》, 《영화시대》, 《조광》, 《조선문학》, 《조선영화》, 《조선주보》

6. 단행본

고설봉, 『이야기 근대연극사』, 창작마을, 2000.

김기진, 『국민보도연맹—부산,경남지역』, 역사비평사, 2002.

김남식, 『남로당 연구』, 돌베개, 1984.

김미현 편, 『한국영화사』, 커뮤니케이션북스, 2006.

김석준, 『미군정 시대의 국가와 행정』, 이화여대 출판부, 1996.

김윤식, 『김윤식의 현대문학사 탐구』, 문학사상사, 1997.

______, 『해방공간의 문학사론』, 서울대학교 출판부, 1989.
______, 『해방공간 한국 작가의 민족문학 글쓰기론』, 서울대학교 출판부, 2006.
김종원, 정중헌, 『우리 영화 100년』, 현암사, 2001.
민병욱, 『북한영화의 역사적 이해』, 역락, 2005.
민주주의 민족전선 편, 『해방조선 II』, 과학과지성, 1988.
박남수(현수), 『적치 6년의 북한문단』, 보고사, 1999.
서광제, 『북조선기행』, 청년사, 1948.
서연호, 『식민지 시대의 친일극 연구』, 태학사, 1997.
안광희, 『한국 프롤레타리아 연극운동의 변천 과정』, 2001.
안종화, 『한국영화측면비사』, 현대미학사, 1998.
양호민, 『38선에서 휴전선으로』, 생각의 나무, 2004.
오영진, 『소군정하의 북한—하나의 증언』, 중앙문화사, 1952.
유민영, 『한국 근대극장 변천사』, 태학사, 1998.
유현목, 『한국영화 발달사』, 책누리, 1997.
이경순, 『소리의 창조—나의 영화녹음 50년』, 고려, 1996.
이석만, 『해방기 연극 연구』, 태학사, 1996.
이영일, 『한국영화전사』, 소도, 2004.
이철주, 『북의 예술인』, 계몽사, 1966.
이효인, 『한국영화역사강의』, 이론과실천, 1992.
임경석, 『이정 박헌영 일대기』, 역사비평사, 2004.
정상진, 『아무르만에서 부르는 백조의 노래』, 지식산업사, 2005.
주봉호, 『북한정치경제론』, 형성출판사, 2005.
중앙일보특별취재반, 『조선민주주의인민공화국』, 중앙일보사, 1992.
최영희, 『격동의 해방 3년』, 한림대학교아시아문화연구소, 1996.
최척호, 『북한영화사』, 집문당, 2000.
호현찬, 『한국영화 100년』, 문학사상사, 2000.
황문평, 『삶의 발자국 1, 2』, 도서출판 선, 2000.
A. 기토비차, B. 볼쇼프, 『1946년 북조선의 가을』, 글누림, 2006.
高島金次, 『朝鮮映畵統制史』, 朝鮮映畵文化研究所, 昭和18年.

7. 논문류

강인구, 「북조선에서 소련군 철수 이후 소연방대외문화교류협회의 활동」, 《숭실사학》 9호, 숭실대학교 사학회, 1996.

김수남, 「일제말기의 어용영화에 대한 논의」, 《영화연구》 26호, 2005.

남인영, 「해방직후 영화운동에 관한 연구」, 서울대학교 석사학위 논문, 1990.

문의영, 「해방후 영화 예술의 발전」, 『빛나는 우리예술』, 조선예술사, 1960.

송낙원, 「해방 후 남북한 영화 형성기」, 『남북한영화사 비교연구』, 국학자료원, 2007.

이왕무, 「북한 영화예술의 역사적 전망」, 《정신문화연구》 통권85호, 한국정신문화연구원, 2001.

이효인, 「해방직후의 민족영화운동」, 『해방전후사의 인식 4』, 한길사, 1989.

정성임, 「소련의 대북한 점령정책에 대한 연구」, 이화여자대학교 박사학위 논문, 1998.

정태수, 「스탈린주의와 북한 영화 형성 구조 연구」, 《영화연구》 18호, 2002.

조혜정, 「미군정기 영화정책에 관한 연구」, 중앙대학교 박사학위 논문, 1997.

주동인, 「씨나리오 문학의 발전을 위하여」, 『제2차 조선작가대회 문헌집』, 조선작가동맹출판사, 1956.

한상언, 「다큐멘터리 〈해방조선을 가다〉 연구」, 《현대영화연구》 4호, 2007.

______, 「북한영화의 탄생과 주인규」, 《영화연구》 37호, 한국영화학회, 2008.

______, 「일제말기 통제 영화제작회사 연구」, 《영화연구》 36호, 한국영화학회, 2008.

한홍구, 「새로이 발굴한 〈해방뉴-쓰〉 해제」, 『해방의 기쁨과 억압의 흔적』, 한국영상자료원 팜플렛, 2005.

8. 신문 / 잡지 기사

김룡봉, 「당의 품속에서 영생하는 연출가 전동민」, 《조선영화》, 1986. 7.

김영혁, 「북조선에서 본 쏘련영화」, 《신천지》, 서울신문사, 1946.

김정혁, 「감독 이규환론」, 《영화시대》, 영화시대사, 1946. 10.

김학성, 「나의 영화편력—김학성」, 《월간영화》, 1977. 12.

림창진, 「이름있는 영화연출가 천상인」, 《조선영화》, 1996. 3.

민정식, 「로동계급을 형상한 첫 예술영화에 깃든 이야기」, 《조선영화》, 1984. 4.

박철민, 「북조선영화사업에 있어서의 자체교양과 인재육성」, 《문학예술》, 1948. 11.

서광제, 「영화평 똘똘이의 모험」, 『독립신보』, 1946. 9. 8.

______, 「조선영화론」, 《신천지》, 서울신문사, 1946.
소희조, 「박학과 그의 창작활동」, 《조선영화》, 1996. 6.
______, 「위대한 수령님께서 개척하신 주체영화예술」, 《조선영화》, 1997. 4.
안 막, 「조선문학과 예술의 기본임무」, 《문화전선》 창간호, 1946. 7.
안함광, 「북조선 민주문학운동의 발전과정과 전망」, 《조선문학》 창간호, 1947. 9.
오덕순, 「극영화 〈내고향〉에 대하여」, 《문학예술》, 1950. 2.
윤기정, 「예술운동의 신전개」, 《예술운동》, 1945. 12.
이병일, 「나의 영화편력—이병일」, 《월간영화》, 1977. 10, 11월.
임 화, 「북조선의 민주건설과 문화, 예술의 위대한 발전」, 《문학평론》, 1947.
장명욱, 「무에서 유를 창조한 예술영화 〈내고향〉」, 《조선영화》, 1987. 4.
정태소, 「우리나라 영화보급발전의 자랑찬 노정」, 《조선영화》, 1993. 11.
주영섭, 「소련영화는 우리영화제작의 산 교재가 된다」, 《문학예술》, 1949. 10.
주인규, 「북조선에 있어서의 조선영화의 사명과 전망」, 《문화전선》 4집, 1947. 4.
______, 「지난 1년간의 국립영화 촬영소 사업을 회고하면서」, 《문학예술》, 1950. 1.
추 민, 「영화운동의 노선」, 『중앙신문』, 1946. 2. 24.
______, 「映畵協團에 檄함」, 《영화시대》, 영화시대사, 1947. 1.
미 상, 「그들은 어떻게 영화문학작가로 되었는가」, 《조선영화》, 1990. 9.
미 상, 「민족반역은 누가 했나 – 영화동맹, 연극동맹 편」, 《신태평양》, 1947. 8. 30.
미 상, 「조선영화동맹 사업보고」, 《영화시대》, 영화시대사, 1946. 10.
미 상, 「朝鮮映畵製作株式會社 槪況」, 《映畵旬報》, 1943. 7. 11.